イベントの
世界へようこそ

イベントを仕事にしたい人への
7つのすすめ

東京富士大学経営学部
イベントプロデュース学科教授
北原 隆
ゆたか

Shiroyama
shobo

イベントの世界へようこそ

イベントを仕事にしたい人への
7つのすすめ

城山書房

まえがき

　イベントの仕事に興味はあるけれど、ちょっとためらっているあなた、今手にとっている本はあなたのための本です。

　イベントの仕事が好きで現場に入り続けているなかで、その入り口のさらに手前で立ち止まっている人がけっこういるということに気がつきました。「面白そうだけどよくわからない」「なんか怪しい」「遊んでいるみたいな仕事で生きていけるのか不安」。そんなところでしょうか。

　ひょんなことから、イベントを学問として総合的に学ぶ学科がある日本で唯一の大学、東京富士大学経営学部イベントプロデュース学科の教授になり、イベントを研究しながら学生に教えることになりました。

　座学も大切ですが現場での体験はもっと大切と考えているので、学生たちと一緒に多くの現場に入ってバタバタしています。僕の役割は、楽しそうに仕事をしている大人もいるんだということを若者たちに見せることだと思っています。なので、失敗したりクライアントに怒られたりしているところもそのまま見せながら、でもこの仕事が好きで楽しくて仕方がないっていう姿を見てもらっています。そこでは僕がどんな思いや考えでイベントの現場を切り盛りしているのかを生で伝えているのです。

そんなふうに直接会えない人にも、その雰囲気を感じてもらいたくてこの本を書きました。イベントが好きでイベントの現場にいる人を僕は「イベント人間」と呼んでいますが、「イベント人間」ってどんな生き物なのか、その生態を知ってもらいたいというのがこの本の前半です。もし自分の中に「イベント人間」的要素を見つけたら、その時は迷わず飛び込んできてください。待っています。

　イベント学という分野はまだまだ若い学問です。イベントに関わる多くの人たちでこれから形作っていく必要があります。本の後半は、これからのイベント学の進む先を希望をこめて妄想しています。妄想なので自由です。今ならあなたもそれに参加することができます。

　これまでなかったものを作っていく作業は「イベント人間」たちにとって最も得意とするところだと思います。この本を読んで我こそはと思う人はどんどん名乗りをあげて参加してもらいたいと思います。

　みんなで、楽しくて面白いイベント学の世界をつくりませんか？

もくじ

まえがき ………………………………………………… 2

1章　イベントの世界をめざすあなたへ

00　仕事が遊びで、遊びが仕事 ……………………… 8
01　「がんばらない」のすすめ ……………………… 20
02　「横すべり」のすすめ …………………………… 26
03　「器用貧乏」のすすめ …………………………… 35
04　「ボツ」のすすめ ………………………………… 44
05　「妄想」のすすめ ………………………………… 56
06　「ながら族」のすすめ …………………………… 77
07　「絶体絶命」のすすめ …………………………… 85

2章　イベントの現場から

01　ディレクター力は現場力—展示会の現場から …… 94
02　イベント制作 ……………………………………116
03　イベントインフラ概論 …………………………146
04　搬入と搬入口の現状と問題点 …………………162

3章　イベント学入門

01　イベント学への道 ………………………………196
02　イベント学概論 …………………………………229
03　迷路を読み解く—イベント計画学的視点から ……236

あとがき ……………………………………………… 256
参考図書 ……………………………………………… 258

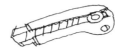

イラスト：著者

●1章
イベントの世界をめざすあなたへ

00 仕事が遊びで、遊びが仕事

「遊んで暮らしたい」って言っちゃダメ?

　遊んで暮らしたいと思ったことはありませんか?
　誰でも一度は考えたことがあると思います。でもそれを口にしたらどうなるでしょう。
　「何言っているのよ」とか「甘いこと言ってるんじゃありません」とか言われてしまうのがオチではないでしょうか。一度は考えたことがあるけど、無理だと思ってあきらめているのではないでしょうか。
　僕にも、遊んで暮らすにはどうしたらいいだろうかと、真面目に考えた時期があります。
　その時に導き出した答えは、「遊ぶのが下手な人の代わりに遊んでみせ、それを発信してお金に換える」というものでした。
　そのあとバブル景気が崩壊してスポンサーが離れ、その計画は実現しませんでしたが、もし現在のようにSNSがあれば、スポンサーに頼らなくても実現できていたと思います。今は現実に多くの人たちがこの形をとっています。

　最初に勤めた会社を辞める時に思っていたのは、会社での仕事のやり方は効率が悪い。もし自分ですべてコントロール

できたのなら半分の時間でできる。そうすれば残りの半分は遊んでいられるのに、ということでした。そして、転職ではなく起業するために会社を辞めました。だから、起業当初は「半分の時間で仕事をし、残り半分の時間は遊び」といった感じで生活をしていました。

　ただ、早とちりしないでください。僕にとって遊ぶということは、仕事をしないでフラフラするということではありません。積極的に面白そうなことに絡んで、楽しいことをするということです。でも実際にそうした生活を始めてみると、遊ぶのってけっこう大変で、空いた時間をずいぶん無駄にしていることに気がつきました。時間に余裕があると、「今日でなくてもいいや」と思ってしまうのですね。

　これではいけないと、空いた時間を利用して先輩の会社を手伝うことにしました。さらに、とある会社のシンクタンクに入り、フリーで研究をするという形も加わりました。二足どころか三足のわらじってわけです。

　ところがどうでしょう。月の半分は仕事、あとは自由だった時より、三足のわらじを履いて忙しくなった時の方が遊べたのです。繰り返しますが、遊ぶとは面白いことに絡んで、楽しいことをするということです。僕は忙しくて刺激が多いほうが面白いと感じる体質なのかもしれません。そして仕事も遊びも忙しくなればなるほど、今度は面白いことが集まってくるようになりました。

　同業の仲間と、最近会った時にこの話をしましたが、多くのメンバーから賛同を得ました。イベント業界の人たちには、

仕事が充実していくほど遊びも充実していく傾向があるようです。

　独立後は学生時代の友人たちからよく「北原の仕事は毎日学園祭みたいで、遊んでいるみたいでいいなあ」などと言われるようになりました。最初の頃は「仕事だとそうでもないよ」とか「実はこんなことやあんなことがあって大変なんだよ」などと言っていましたが、心の中ではそう答えることに違和感がありました。なぜなら自分自身ではあまりそうは思っていなかったからです。心のどこかで、仕事に対して遊んでいるみたいだと思う自分に後ろめたさを感じていたのかもしれません。
　そのことに気づいてからは言い方を変えました。
　「そうなんだよ。毎日学園祭みたいで楽しくて仕方がないんだよ。しかもそれをプロのレベルでできるんだからたまらないよ」と。そして、「面白そうだとか、楽しそうだと思うならこっちの世界に来ればいいのに」と思うのです。
　僕の会社のキャッチフレーズを「仕事が遊びで、遊びが仕事」としたのもそんな理由からなのです。

　これまで見た夢の中で、幸せで強烈に記憶に残っているものがあります。その夢の中の僕は高校生で、学園祭委員長として、体育館でのライブの設営を仕切っているのですが、周りのスタッフが、よく知っている仕事のメンバーなのです。感覚は高校生なのですが、仕事の知識もあるという不思議な世

界です。

　高校の体育館のしょぼいステージなのですが、スタッフは気心の知れたプロのメンバーという環境で、夢の中の僕は楽しくて楽しくて幸せでした。

　あまりの幸福感に、夢からさめてもその余韻でその日は仕事になりませんでした。

　それで思いました。

　「ああ、僕はこれがやりたかったんだ」と。

でも、遊ぶって何だろう

　仕事をしないでフラフラするのが遊びじゃないと言いましたが、「遊び」ってなんでしょう。機械や装置では一見動作に関係ない緩みや隙間のことを「遊び」と言います。しかしこの「遊び」がないと機械や装置はスムーズに動かないのです。人間にとっての「遊び」にもこれと同じような役割があると思います。一見生活に関わりのない、無駄のように見える「遊び」が、人間が生きていく上での潤いになっているのだと思います。

　「遊び」を「祭り」と言い換えてみると分かりやすいと思います。多くの人が農耕に携わっていた時代、年に一度のお祭りが一年分の生活の中での「アソビ」になっていました。これは、「遊び」が祭りという形で一つにまとまってあるということです。

　でも現代は生活様式や趣味が多様化していてその人にとっ

ての「祭り」は人それぞれに存在しているのではないでしょうか。ある人にとっては自分がファンであるアーティストの「ライブ」であったり、作品発表としての「コミケ」であったり、稽古事の「発表会」であったり、スポーツの試合であったり、「祭り」つまり「遊び」の形はいろいろです。

　しかも、それは一人に一つだけではありません。いくつもの「祭り」を持っているのです。つまり、現代はさまざまな「祭り」であふれている時代なのです。「祭り」はそれがあることによって、明日からまた頑張ろうと思える起爆剤なのです。

　だから「祭り」は必要です。災害が起きた時に、日本ではすぐにイベントを自粛しますが僕は反対です。被災地の人にこそ「祭り」は必要なのではないでしょうか。

　機械や装置がスムーズに動くために「遊び」が必要不可欠なように、人間にとって「祭り」つまり「遊び」は必要不可欠なものだと思うのです。

非日常の世界

　イベントは非日常の世界だとよく言われます。

　日常から離れて、いつもと違う体験ができるのがイベントです。だからイベントに出かけたくなるし、ドキドキもワクワクもするのではないでしょうか。日常と非日常、そのギャップが大きければ大きいほど、このドキドキやワクワクが大きくなるのだと思います。イベントを企画する側としては、こ

のギャップを作ることに工夫を凝らすのです。この非日常という、いわば「遊び」が日常をスムーズに進めるための潤滑剤であり、であるからこそ、そのイベントのために日常を頑張ることもできるのではないでしょうか。

ユーザーになってみる、ファンになってみる

　僕たちの仕事は人を楽しませることです。
　仕事だからといって、自分が楽しめないものを人に提供して本当に楽しんでもらえるでしょうか。
　僕は仕事をする時にまずそれを考えます。
　漫画だったら読んでみる、音楽だったら聴いてみるしライブに行ってみる、映画だったら観てみる、ゲームだったらやってみる。
　そうすると面白さのキモみたいなものが見えてきます。
　みんながどこを面白いと感じているのか、なぜ面白いと感じているのかがわかってくるのです。
　いきなりヘビーユーザーやヘビーファンにはなれませんが、ライトユーザーやファンにはなりたいと思います。
　ファンイベントが行われているなら、そこに参加もしてみます。会場に行けば、リアルなファンの意見や気持ちを理解できるからです。決まったコール＆レスポンスや、ファンの人にとっての「〇〇といったら〇〇だよね」的なネタって必ずあるものです。それを自分の仕事に隠し味で入れられることは僕の喜びでもあります。

ここで一つ重要なことがあります。

　それは、これらのことを自分のお金でやるということです。

　この仕事をしていると、クライアントさんから「やってみてよ」とゲームをいただいたり、「聴いてみてよ」とCDをいただいたり、ライブのチケットをいただいたりします。

　それはそれでとてもありがたいことなのですが、仕事で関わる時は、まず自分のお金を使って参加します。

　自分の財布からお金を出して参加したこと、買ったものに関して、人はシビアになります。これはタダで手に入ったものには感じない感覚です。

　僕が仕事として関わっているイベントやライブに、観客の方々は自分のお金を出して、来ていらしているのです。お金を払った人は、イベントのできばえなどに対して文句を言う権利があると思っています。だからこの感覚は重要なんです。

　「この値段でこれか？」というのと、「この値段でここまで！」とでは大きく異なりますよね。

イベント的人間になるために勧める三つのこと

　イベント的人間になるために、まず皆さんに勧める三つのことがあります。これは日々の生活に取り入れられるので、ぜひ導入してみてください。

1. プロの目で日常を過ごす

　まだプロでもないのに、「プロの目」ってなんだよって思う

かもしれませんね。でもこれは誰にでも取り入れられることなのです。

イベントに関わる人たちは、実は仕事が忙しい時ほど周りの情報に敏感になっています。皆さんにも、ぜひ周りに敏感になって欲しいと思います。

たとえば、友達と食事に行った時、なかなか注文を取りに来てくれなくてイライラすることってありますよね。そんな時、ただ腹を立てるのではなく、なぜ注文を取りに来ないのか観察してみます。席が奥にあって店員さんから見えないのか、フロアの店員さんが少なくて忙しすぎるのか、いるけど客席全体を見ていないのか、原因はいろいろあると思います。

問題点が見えたら、どうしたら良くなるのかを考えます。そこで導き出した答えは、自分でイベントを行う時に同じ過ちを起こさないための引き出しになります。

また、友達と遊びに行った時、ただ「楽しかったね」で終わるのではなく、なぜ楽しかったのか考えてみます。会場の雰囲気なのか、スタッフの笑顔なのか、ちょっとした受け答えなのか、導線の分かりやすさなのか、音の聞き取りやすさなのか、照明のかっこよさなのか、これもいろいろあると思います。そして、これも実際自分がイベントをやる時のネタになります。

さらに、映画やドラマをみる時、物語を追うだけでなくて「ああ、外国の人はこうやってベッドで朝食をとるんだ」とか、「この照明器具かっこいい」とか、「このシーンの作り方がすてき」とか、「このセリフがいいな」とか。そういう引き出し

の増やし方もあります。

　日常のなかで腹を立てたり、「楽しかったね」とか「おいしかったね」で終わらせてしまうようなことについて、批評的な視点を持ってもっと踏み込んで考える。そんな癖をつけて欲しいと思います。

　今回のライブはどんなところが良くて、どんなところが悪くて、それはなぜで、自分だったらどうしたかったか。毎回そんなふうに考える習慣を身につければ、知らず知らずに引き出しが増えていって、イベントに関わったときに出せる提案も増えますし、その提案に説得力が加わることになります。

　もちろん通学や通勤の途中に目にするものや、昼休みのちょっとした時間のなかにも多くの情報があります。目に入っているけど見ていないだけです。よく「忙しいからネタを仕込んでいる時間がなくて」と言う人がいますが、それはただの言い訳だと思います。自分はプロとして一流じゃないんでと、自ら言っているようなものです。

2. 誘いは断らない

　誰かがあなたを何かのイベントに誘ってくれる時、そこにはいろんな理由があると思います。「一人で行くのはちょっとなあ」という理由からでも、誰を誘うかを考え、あなたを誘っているのだと思います。つまり誘われている時点で、何かしらの理由があってのことなのです。

　聞いたことがないジャンルの音楽や、知らないアーティストのライブだったりしたとき、誘いを断ってしまうこともあ

るとは思いますが、実はこういう時こそチャンスです。放っておけば自分からは行かないであろうイベントに行く機会を与えてくれているのです。

　知らないジャンルのイベントには知らない世界が広がっている可能性があります。しかも一緒に行ってくれる人がいるのですから安心です。誘いに乗って、どんどん参加してください。

3. 好きなことはどんどん発信

　反対に、自分が面白いと思うことは、周りにどんどん勧めましょう。友達を誘って一緒に行くのもいいですし、感想を言って、その面白さを伝えるのもいいです。

　好きなことや、これからやりたいことをどんどん周りに発信した方がいいです。そうすると周りからも「では、これはどう？」とか、「こんなのもあるよ」とか、「こういうの好きじゃない？」とか、情報が集まってくるようになります。

　仕事もそうで、周りに発信し続けていると、いつの間にか昔からやりたいと思っていた仕事ができたり、一緒に仕事をしたいと思っていた人と仕事ができたりします。

何でも楽しめることが大切

　これら三つのことを日常的に行えるようになってくると、面白そうなことが周りから集まってくるだけでなく、集まってくる情報の楽しみ方が分かるようにもなり、どんなことで

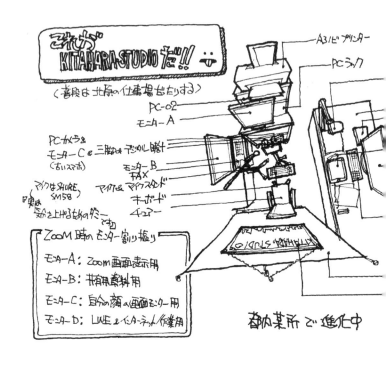

も楽しめる体質になっていきます。この何でも楽しめることが重要なのですが、大切という以上にかなりお得なことでもあります。

　なぜ、そう言い切れるのか。

　イベントを仕事にしていくなかで、仕事を避けたり、誘いを断っていたりしていたら体験できなかったこと、知らなかったであろうことがいろいろあると実感しています。そして、そうした現場をいくつも重ねてきた経験から、どんなジャン

←**コロナの時、講義用に事務所内に作ったスタジオ** 大学の講義も、会議も、仕事の打ち合わせも、団体の理事会も、友人との飲み会も、コロナの時はここでやっていました。

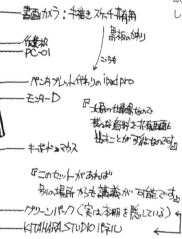

ルの現場にも面白さがあり、発見があるという確信があるからです。

プロの目で日常を過ごして、引き出しを増やそう。

01 「がんばらない」のすすめ

誰にでもある「がんばらない」体験

　例えば、読み始めた漫画本を、朝まで一気に読み切ってしまったような経験。例えば、ゲームにのめり込んでしまい、気がついたら食事を忘れていたような体験。そんな体験ってありませんか？　これは誰かに強制されてやっているのではありませんよね。

　誰かに命令されたり強制されたりしたわけではないのにやってしまう。これって頑張っているわけではないですよね。

　この、自分からやってしまうという行為こそ無敵なのではないでしょうか。

　僕はイベントの企画をしているときや、仕込みをしているときにたびたびこの状態になります。そしてこういう時ほど楽しいし、結果もいいものとなるのです。逆に、いいアイデアが出なくて、むりやり絞り出そうとすればするほど、いわゆる頑張っている状況になり、いいものが生まれませんし、そもそも考えていて楽しくありません。

それ、命令されたからやっているの？

　ゲームのイベントをやるために、そのゲームをクリアする

とか、アニメのイベントをやるために全話を一気見するとか、音楽イベントをするためにそのアーティストの曲をとりあえず全曲聴くとか、そういったことは、僕が必要だと思うからやるのであって、別に強制されていやいややっているのではありません。もちろん企画には締め切りがあるので、時間的な制約はあります。この制約のなかでも頑張ってこなすのか、楽しく体験するのかには大きな違いが生まれると思います。仕事を頑張ってやる人は、やらない人に比べるとたしかに偉いのですが、頑張らないで楽しくやれてしまう人には決してかなわないのです。

　なので僕は、企画に行き詰まってきて、「ああ、ちょっと頑張っちゃってるな」と思った時には、あえて作業を中断して別のことをやったり、友達と食事に行ったりします。

　そもそもエンタメ系のイベントは、参加者にとっては楽しいことのはずです。この楽しい空間を作るのに、仕事だからといって、自分自身が楽しめないのでは、表面的な楽しさしか作れないと思うのです。

何がブラックで何がホワイトか

　会社や職場環境がブラックだとは、最近よく聞く言葉です。しかし、一つの基準でものごとをブラックととらえることにはちょっと疑問を感じます。

　イベントは多くの人の仕事が休みの時に行われます。業務時間後の夜、週末や連休、夏休みや冬休みなどなど。当然、イ

ベントを仕事としている僕らの勤務時間は、多くの人が休んでいる時間や時期になるわけです。

　こんなことからでしょう。「イベント業界ってブラックなのですか」とよく聞かれます。業務終了時間とか週末の休みや夏季休暇を今の世の中の基準に当てはめて考えると、この業界は多分100パーセントブラックということになります。

　イベントが行われる時間が業務時間だと考えればよいことなのですが、なかなか理解されません。たしかに、本番だけでなく、打ち合わせはどうしてもほかのイベントが終わってからになるとか、スタジオリハーサルや番組収録後になるとかして、深夜帯になることは多いように思います。

　もちろん無理を言われるとかパワハラとかのブラックはほかの業界と同様、問題になりますが、こと業務の時間帯に関することは仕方がないのではないでしょうか。

　これは現場好きの僕が悪いことかもしれませんが、レコード会社勤務時代に、会社からそろそろ夏休みをとってくれと言われ続けて冬になるみたいなことはありました。夏休み期間中の毎週末、イベント現場に出ていてなかなか休みを取れなかったことはあるのですが、現場が楽しくてそこから抜けたくなかったのだから、いわば自業自得です。それでも別に文句はなかったのですが、たしかに端からみればブラックととらえられても仕方がありません。強制されたのか自分からなのかで、自分の中では180度違うのですが、外から見たらその差は分かりません。

がんばらなくてもできる人とは

　企画や作品作りで、頑張らずにできてしまう人にかなわないという経験は散々してきました。アート系のコンペなどで、締め切りギリギリにぱぱっと作った作品でグランプリをさらっていく人たちや、喫茶店での打ち合わせで、紙ナプキンやコースターの裏にメモのような企画書を書いて渡すような人たちを見てきました。

　こういう人の直感には信頼が置けます。

　雑学の大家みたいな人を思い浮かべてください。いろいろなことに興味を持って、くるくるアンテナを回しているイメージです。どこでそんなネタを拾ってくるんだろうと思うようなことを言ったり、「こんなの知ってる？」と、いろいろな場面でヒントになることを投げかけてくれる人です。

非日常の世界だから

　イベントは非日常の世界なので正解がありません。常に新しい答えを探し続けているのがイベント人間です。流行りのものは体験しておきたいし、新しいものは試してみたい、人がいいと言うものは使ってみたいし、人が面白いと言うものには参加しておきたい。その上でまだ誰も気がついていない面白いものを発掘したい、というのがイベント人間です。なので情報や体験には貪欲なのです。人を楽しませるには、人

より楽しんでみなくてはいけないし、人に遊んでもらうためには、人よりたくさん遊んでおかなくてはなりません。それを義務ではなく、強制でもなく、自主的に心から楽しく行うのがイベント人間だと思います。これって職業病かもしれません。

直感はたいてい正しい

　僕も仕事でお題を与えられた時に、聞いた途端にデザインやアイデアがぱっと浮かぶ場合があります。体験上、続けていろいろ考えても最初のアイデアが一番であることが多いと思います。

　アイデアというものは、これまで引き出しに蓄積してきたなかで起きる化学反応で生まれるものだと思います。無意識のなかから、与えられたお題が引き金になって、アイデアが浮かび上がってくるのだと思います。突然できた回路に電気が通るような感覚です。この回路を意識して作り出そうとするより、自然にできたものの方が勝るのは当然のことだと思います。

　この感覚を味わうために、ジャンルを問わず、取捨選択せずにさまざまな情報を自分の頭の中にあるクラウドに突っ込んでいく作業をするのです。

　事例収集を行うのも、引き出しコレクターになるのもすべてこのためだと思います。

だから楽しいイベントの世界

　よほど偉くなれば別かもしれませんが、仕事なので内容をを選ぶことはできません。それを頑張らないでやるためには、どんなことでも楽しめる必要があります。知らない分野やジャンルに対しても興味が持てて、楽しめる覚悟というか自信というかそんなものです。自分は「面白がり」で「面白い体験」コレクターだと思います。なので、常にアンテナをくるくる回して、周囲をキョロキョロ見回しながら、面白そうなものを探していて、見つけると、いろんなところに首を突っ込んでいます。そういう観点からいうと、この「来た仕事はなんでもやる」ということは、決して無理でも嫌々でもないのです。そうして関わった仕事には、これまで体験できなかった面白い事柄がたくさん埋まっていました。

がんばらないのが最強だと知ろう。

02 「横すべり」のすすめ

隣の芝生は青い

「隣の芝生は青い」という言葉があります。

よそのものはよく見えるという意味で使われる言葉なのですが、実際にはどうなのか隣の芝生に行ってみないとわかりませんよね。だったらのぞきに行ってみましょう。

仕事をしているとほかの人がやっている仕事の方が面白そうに見える時があります。そっちの方が自分に向いているんじゃないかと思います。なら本当にそうなのか試してみましょう。

片足突っ込んでみることの大切さ

隣の芝生が本当に今いる自分のところより青いかどうかを知るためには、実際に行ってみる必要があります。仕事の場合なら実際にその仕事をやってみる必要があります。

ここで重要なのは、とりあえず片足だけ突っ込むということです。両足突っ込んでしまうと戻れなくなりますよね。必ず軸足は今のところに残しながらやることが重要です。軸足は残しながら、つまり本来の仕事はやりながらということです。こうして体験してみて、本当に隣の芝生の方が青いとい

うことであれば、軸足もそちらに移せばいいのです。

　片足突っ込んでみて体験して、やっぱり自分に合わないと思えば軸足の方に戻ればいいのです。ここで重要なのは、あちこちの芝生にどんどん片足を突っ込んでみるということです。人間の足は２本しかありませんが、軸足を残しながら踏み込む片足は何本あってもいいということです。

　隣の芝生から見た景色はどうでしょう。もしかしたら隣の芝生から見た自分の芝生のほうがより青く見えるかもしれません。自分のいる場所の再発見です。これは隣の芝生に行ってみて初めて分かることですよね。とても大切な体験です。

　隣の芝生から見ると、さらにその周りには青々したさらに隣の芝生が見えてきます。そうしたら今度はそこにも別の片足を突っ込んでいけばいいのです。そんなふうに片足はどんどん増えていくのです。

　何かを体験すると、それを体験して初めてその周囲が見えてきて、そこにまた面白そうなものを発見するのです。片足突っ込むことはこれの繰り返しです。これは仕事でも遊びでも同じです。

楽しいことって増えていくもの

　面白い遊びに出会うと、その周りにもいろんなことが見えてきて、ほかにも面白そうなことがたくさんあることに気がつきます。この周りが見えてくるということもとても大切です。自分の周りの青い芝生に気づけるようになると、行って

みた隣の芝生の周りにも、さらに青々した芝生が、当然見えてくるのです。

　例えば、ライブの仕事が面白そうだからと思って片足突っ込んでみると、そこには舞台セットを作る人や演出をする人だけでなく、楽屋回りのケアをする人や運営のサポートをする人、舞台機構を操作する人など、実際に足を踏み入れてみないと気がつかない、さまざまな専門家がいて、さまざまな仕事があることに気がつきます。さらに、そのなかでも舞台セットが面白そうだと思って、また片足突っ込んでみると、大道具や小道具だけでなく、特殊な小道具を借りてくる独自の情報ネットワークを持っている人や、美術工作ができる人や、それらを壊さずに運搬するスペシャリストや、展示するための固定や吊りの専門家など、そこにもまた、さまざまな専門家がいて、さまざまな仕事があることに気がつきます。行けども行けども知らない仕事がたくさんあって、そこにはその仕事の専門家がいるのです。

世界が見えるまでやってみる

　片足突っ込んではみたものの、すぐにはその面白さが見えてこないこともあります。そういう場合には軸足の方に戻ればいいのですが、ちょっと待ってください。すぐには見えてこない面白さもあります。ものごとが専門化すればするほど、そこにある面白さがすぐには見えてこないようになります。ものごとにはその段階までいけば、そのあとがぐっと楽

になるとか、そこまでいけば全体や関係性が見通せるようになるとかいうポイントがあります。このことを僕は次の二つの例で説明しています。

　例えば浅瀬で溺れる感じ。
　いきなり水に落とされて、溺れたくないとバタバタしているうちに、実は足がつく浅さだって気がつきます。
　それに気がついて、一度立ってみます。
　そうすると水平線が見えるのです。
　さらに冷静になって、体が浮くことに気がつくと、いろんな形で泳げるようになります。
　そのうち、足がつかない深さでも泳げるようになります。

　例えば自転車に乗れる感じ。
　自転車を習い始めの時は、二輪で倒れないわけがないという思いが先に立ち、転んでばかりです。
　誰かに押さえてもらいながら、ようやく乗っています。
　でもそんなある瞬間、ペダルを漕いで進んでいる自分に気がつきます。
　そして、一度乗れるようになると、今度はどんな乗り方をしても転ばなくなりますし、自転車からの景色も見えてきます。

　実は、同じことが遊びでも、仕事でも言えるのです。

二足のわらじ

　「二足のわらじ」という言葉もあまりいい意味で使われていません。でもそうでないということはもうお分かりですよね。さらに前に話したように、ここで言う「わらじ」は何足あってもいいのです。メインとサブの区別さえしっかり持っていれば決して悪いことではありません。そして、やってみたら意外とできるということが分かれば、軸足の方を２本にしてもいいのです。僕はそうやって軸足も増やしてきました。もうすでに自分の足が何本あるのかも分からなくなっています。本業が何かと言えないので困るのですが、そんなことは些細なことです。
　軸足が増えると、さらに周りが見えてきて、突っ込んでいく片足もどんどん増えていくのです。世の中は面白そうなもので満ちています。

二兎を追える人は三兎も追える

　世間では「二兎を追うものは一兎も得られない」ことになっています。でも僕はそうは思いません。もちろん一つのことに集中して専門性を深めることは素晴らしいです。でもそうでない生き方もあると思っています。狭いエリアで深さを追求していく生き方に対して、浅いかもしれないけれど広さを求めるという生き方もあると思っています。どちらが偉い

とか、価値があるとかそういう問題ではありません。

「二兎を追うこと」は悪くないと思います。そして二つのことを追える人は、実は三つ目も追える人だと思います。三つ目が追えるとなると四つ目、四つ目が追えるとなると五つ目と、先はどんどん広がっていくのです。

いきなり遠くには行けないけれど

片足を突っ込んで面白ければそちらに軸足を移し、そこで周りに見えてきた面白そうなものに片足を突っ込んで、という繰り返しで僕は生きてきました。僕はこのやり方を「横すべり方式」と呼んでいます。周りに見えてくる面白そうなことに片足を突っみながらスライドしていくので、いきなり遠くには行けませんが、繰り返しているうちにずいぶん最初の立ち位置からは遠くに来たように思います。

よく学生から「どうやったらそのポジションになれますか」と聞かれますが、答えられません。答えが難しいのは、今いる場所がそこをめざして来た場所ではなく、横すべりの結果、たどり着いた場所にすぎないということにあります。今いる場所も最終地点かどうか分かりませんし、どこに向かっているのかもわかっていないのです。確実に言えるのはそこが今より楽しい場所だということだけです。

三日坊主は悪くない

　長続きしない人を「三日坊主」と言います。三日坊主も悪い意味で使われることが多い言葉ですが、本当にそうでしょうか。「継続は力なり」という言葉の通り、長く続けることはもちろん重要です。でもそれに比べて言っているだけなのではないでしょうか。

　どんなに評判がいいイベントでも本当にそうなのかどうかは参加してみないと分かりませんよね。仕事もそうです。自分に合わないという場合もあります。また参加したいという場合もあるし、一回やったらもういいやという場合もあります。つまりは「やってみなくては分からない」ということなのです。だから僕は一度もやったことがない人とやってみた人は100倍違うと思っています。3日でやめたとしてもその人は3日も体験しているのです。どんなことでも経験したことがあるかないかで言えることも違うし、説得力も変わってきます。いろんなことをやってみた上で、その比較で言えることもあると思います

わらしべ長者計画

　前にも書きましたが、イベント業は何かが起こると自粛となることが多いので、仕事には波があります。大きな波があった時、ある業界団体に救われた経験があります。

その業界団体の理事長が、たまたま僕が昔いた会社の出身で、「金は出せないけれど、おまえをこの団体のデザイン顧問にするから、その肩書で会員から仕事をもらえ」と言って、僕を会員に紹介してくれました。

　そして、紹介してもらった会員の方から展示会のブースデザインや施工の仕事をだいぶいただきました。当然その団体の出る展示会の仕事は手伝うので、その団体にとっても理事長にとっても持ち出しがなく利益になる話です。さらにその団体を手伝ったことによって、業界団体同士で相互会員になっている団体にも出入りできるようになり、そこの手伝いもはじめました。

　業界団体に入って活動したことによって、どこの業界団体も会員は企業の偉い人ばかりで実働をする若手がいないということに気がつきました。そこで自分のスキルを提供して仕事を手伝ううちに、どんどんいろんな団体に紹介されて、そこにも入り込んでいきました。

　ただで仕事をさせられるのを嫌がる人は多いと思いますが、自分にとってはその団体に入ることによって、その団体の人脈や情報を使えるようになることが大きかったのです。

　元手が小さなものからどんどん交換していって、大きなものを手に入れる物語になぞらえて僕はこれを「わらしべ長者計画」と呼んでいます。

　ただでもらった肩書がスタートで、それが大学教授にまでつながりました。

　とにかくいろんなところに顔を出して、行った先とはどっ

ぷり付き合う。そして持っているものはどんどん提供することで、相手に認められ、相手に認められた結果次のところにつながり、また先に進むのです。ギブ・アンド・テイクはまず与えるところからスタートしなくてはなりません。

楽な方へではなく楽しい方へ

これまでのことをいろいろ振り返ってみて思うのは、横すべりの仕方が楽しい方へのスライドだったということでした。「楽な方へ」と「楽しい方へ」では「楽」という文字は同じですが、実は大きな違いがあります。

それは僕が「楽な方へ」はドロップアウトで、「楽しい方へ」はステップアップだととらえているからです。「楽な方へ」進むとどんどん世界が小さくなっていくと思いますし、さらなる発見は少ないと思います。それに比べて「楽しい方へ」進めば楽しさの世界がどんどん広がっていき、発見も増えていくのです。楽な方へ楽な方へと横滑りしていたら今の僕はなかったでしょうし、仕事もこれほど楽しくはなっていなかったと思います。

03 「器用貧乏」のすすめ

いろんなことをやりたい

　ここまで書いてきたように、僕はいろんなことに興味があるし、いろんなことに首をつっこんできました。

　いろいろな現場を体験していくなかで、興味はどんどん膨らんでいきます。なので、知らないジャンルややったことのない分野の仕事でも、依頼があれば受けてきました。そこで面白そうなものに出会い、また興味が広がっていく。そんな感じでさらに世界が広がっていきました。小さな仕事でも、たとえ雑用みたいな仕事でも、その現場の一員であることには変わりありません。その現場に入ることに意味があると感じられるなら、どんどん入っていきましょう。知らないジャンルややったことのない分野の仕事をやるというのはちょっとドキドキですが、クライアントやプロデューサーが僕に振ろうと思ったということは、僕にできる可能性を感じたということだという考え方です。

　「こいつなら安心」といったしっかりした評価というよりは、「北原に振ればなんとかするだろう」というぐらいの、ゆるい判断だとは思いますが。

駆け込み寺的な仕事

　こんなふうに仕事をこなしてきたら、浅く広くなんでもそこそこできる人、場数が多くいろいろな経験を持っている人という評価が、いつのまにか定まっていました。そして、僕の事務所は駆け込み寺的な仕事が多くなっていました。僕のところに来るまでに2、3社から断られていて、僕が断るとこの話はなくなってしまうだろうな、という感じの依頼です。「最後のとりで」としてやって来られると受けざるを得ません。

　ある時のこと、専門学校で講義中の僕に着信があり、休み時間に折り返すと「このあと時間ある？」と某プロデューサーから。あるライブで、急きょ使うことになった小道具を手配できないかという依頼でした。

　知っているプロに制作を依頼すればなんとかなるだろうという算段が立ったので、「作っちゃったほうが早いんじゃないかな」と答えると、じゃあそれでということになりました。

　そこで「いつ使うのですか」と確認すると、明後日が本番という話。それなら外注している時間はなく、自分で作るしかありません。

　改めて「クオリティーは落ちるけど僕でいいですか？」と聞くと、それでいいという返事です。必要な部材を好きなだけ買っていいからと言われていたので、講義を終えると、プロデューサーが手配した車で画材店に直行です。買い物をすませ、会社の会議室に缶詰めになって制作開始。翌日のリハ

ーサルまでにいちおう形にし、手直しをした完成品を本番に持ち込んで、そのまま現場立ち会いとなりました。

またあるときは、とある展示会の会期直前に施工会社が倒産してしまい、施工ができなくなってしまったのでなんとかして欲しいという依頼でした。

さっそく打ち合わせに行くと、会社としては出展できなくなることが問題なので、デザインなどはすべてお任せするから間に合わせて欲しいと、全権委任されました。

その場で主催者と展示会運営会社に連絡をして事情を話し、倒産した会社が出していた書類をすべて止めてもらい、その日のうちにすべての書類を出し直しました。ブースデザインをすべてシステムに切り替えて図面を描き、知り合いの施工会社の担当者に頼んで、なんとか手配を完了したのが施工日の前日という離れ業でした。

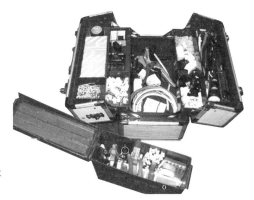

愛用の道具箱
ぼくにとっては
玉手箱です。

こんな仕事をしていると、けっこう同じように仕事をしている人がいて面白かったりします。当然お互いに情報ネットワークが重要なので友達になるわけです。
　ギリギリの仕事が無事に終わったとき、プロデューサーが「困った時には北原に頼むとなんとかなるかなって思ったんだよね」と言うので、「次からは最初に連絡してくださいね」と答えるのですが、そういう人は次もギリギリのタイミングまで思い出してくれないのはなぜなんでしょうか。

ホームランにはできないけれど

　クライアントやプロデューサーが僕に投げる球はストライクは少なく、暴投に近いものが多いのですが、なんとか打ち返してきました。ときには、バッターボックスを飛び出し、観客席に入って打ち返すみたいな大暴投が来たりします。もちろん、そんな球をホームランにすることは難しいのですが、バットに当てるだけでというのも悔しく、せめてヒットにはしたいと思ってやってきました。でもそうやって打ち返していると、「だったらこれは打てるかな」とでも言うように、さらにすごい癖玉を投げてくるクライアントやプロデューサーがいるので要注意ではありますが。

現場で会うと安心

　旅行先でイベントに出くわし、「お、何かやってる」と思っ

てのぞいてみると、たまたま知り合いが関わっている現場で、結果として手伝わされてしまうという経験がけっこうあります。向こうからすれば「ラッキー！」という感じでしょうか。もちろん、「後で一杯飲ませるからさ」という話で、多くの場合ノーギャラです。

さらに仕事をさせられなくても、会場で知り合いのプロデューサーと会い、「現場で北原くん見るとホッとする」なんて言われたりすることもあります。「いやいや、この現場は僕の仕事じゃないですよ」と言うのですが、「それでもいてくれると助かる」と言われます。ありがたいやら恐ろしいやらなのですが。

それが高じて、バックアップとして現場に入ることもあります。「作業は若手がやるのでそれを監督してよ」「何かあった時にいてくれると安心なので、とりあえず現場にいてよ」という感じの依頼です。基本いるだけで作業をせず、その上お金をもらえて感謝されるので複雑な気持ちです。

スイス・アーミーナイフ

そんな経験を何度かしているうちに、僕の立ち位置はスイス・アーミーナイフみたいなものなんだって思うようになりました。

スイス・アーミーナイフはいろんな工具がまとめられていて、一つ一つは本格工具にはかなわないけれど、しっかり、頑丈にできているので、いろいろな使い方ができ、なんとかな

る。そんな感じです。

　100円均一の六徳ナイフのツールはそれなりですが、スイス・アーミーナイフのツールは、ツールとしてそれぞれしっかりと機能するのです。いざというときに役に立つので、持っているだけで安心ということですね。

大は小を兼ねないけれど

　スイス・アーミーナイフは本格的な工具にはかなわないですが、かばんの隅に入れ、本格的な工具を詰めた工具箱を持っていけないところにも持って行けます。スキルにおいては大は小を兼ねないのですが、多は少を兼ねると思います。六徳ナイフより百徳ナイフの方が上なのです。

器用貧乏という立ち位置

　イベントにはたくさんの分野があって、そこにはすごいそ

現場にて　愛用のスイス・アーミーナイフ「チャンピオン」。

の道のプロがたくさんいます。そんなプロたちに囲まれて仕事をしていくのは幸せなのだけど、一方で、とてもかなわないなと思わされることもあります。そうした人たちに出会うと、一つのことを深く掘り下げて専門家をめざすことは難しいと思いますが、一方で、浅いかもしれないけど、広くいろいろなことをできる人間をめざすという方向もあるかなという思いも持ちます。

こうしたプロたちと仕事をするときの立ち位置は、いちおう内容は知っているから仕事の指示はできて、思いは通じるけど、決してその人の存在を脅かすことはないというところとでも言えるでしょう。さらにそれを多方面に発揮できると、専門家同士の通訳もできて、けっこう重要な立ち位置にもなります。

振り返ってみると

あらためて振り返ってみると、僕はもともとそういうのが好きなのかもしれません。

中学生の時、片っ端から委員を引き受けて活動したり、高校生の時、一人で同好会を作って学園祭に出たり、大学生の時、イベントをやるための架空の事務所を作ったり、社会人になってからは会社の人じゃないさまざまな業界のメンバーと遊んだり、契約で入った会社では自分の部署じゃない仕事をやっているうちに「その他」担当になったり、いろんな業界団体に入ってイベントを手伝ったり、それらがすべて今に

つながっているのが面白いです。

そんなわけで、前は嫌だった駆け込み寺的な仕事が多いのも、今では納得している自分がいるのです。

大学の同窓会で、偉い先輩たちの前で講演をしたことがあります。テーマは「仕事が遊びで、遊びが仕事」。まさにここまで話してきたことをまとめたような内容です。その終わりに質疑応答を行ったのですが、とある重鎮の先輩から「北原君は結局野次馬なんじゃないか」と言われました。司会者はその場を取り繕おうとしてくれていましたが、僕は逆になんだか納得していました。この野次馬という言葉も世間ではあまりいい意味に使われませんが、僕にとってはふに落ちるというか、妙に納得した記憶があります。「そうか、僕は野次馬なんだな」と。たしかに面白そうなところには積極的に出かけていくし、先頭に立ってみたり体験したりしたいタイプだし。ただ冷やかしではなく本気で取り組んできたとは思います。そしてこのおかげで、専門の研究者には理解しにくい一見雑多で多様性の塊のようなイベントという世界を、その中心にいながら、一方で俯瞰的にとらえて理解することができるようになったのではないかと思うのです。

どうせなら究極を

そこでどうせなら器用貧乏の武器を少しずつ増やして、それぞれ少しずつ磨いていき、プロディレクターとしてのスキルを上げていきたいと思っています。

武器を増やしても、いざという時、役に立たないと大問題なわけで、そのためにもスキルアップはしなくてはいけません。

　人というのは不思議なもので、間が開くと記憶が増幅されるのか、前と同じレベルでは同じだと思ってもらえない傾向があります。その人の記憶の中で増幅されたのと同じだけ、こちらもスキルアップしていないと、がっかりされたりしてしまいます。

　余談ですが、久しぶりだと、「かっこよくないな」とか「かわいくないな」とか思われてしまうこともある、プロのモデルさんの自己スキルアップは大変ですね。

めざすはスイス・アーミーナイフ。

04 「ボツ」のすすめ

アートとデザインの違い

　僕が最初に勤めたのは空間デザインをする会社でした。そこのデザイン部で先輩に言われたのは、アートとデザインの違いについてでした。

　アートは自己表現の世界であり、自己の世界観をどう表現するかが重要であって、他人の評価は重要ではない。なので、現役時代は見向きもされなかったのが、死後評価されたりすることもある。これに対してデザインの世界は、クライアントの希望をかなえる必要があり、自分の思い込みや独りよがりな表現は認められない、というものでした。

　先輩の話は、美大出の人が多かった新人デザイナーたちの鼻柱を折るものでした。

　イベントの企画もこのデザインの考え方と同じだと思います。クライアントの希望をかなえる必要があり、独りよがりなアイデアは必要とされません。

受験は公平？　社会は不公平？

　僕の父が言ったことで記憶に残っていることがあります。受験勉強中であった僕に、「受験というのは公平な仕組みだ」

と言うのです。「1点でも点数を多く取れば相手に勝てるから公平だ」ということです。一方、「社会の評価基準はもっと不公平だ」というのです。これは社会に出て仕事をし始めてから実感するのですが、当時受験生だった僕に言われてもという話です。

なぜダメなのか―趣味で決まる

クライアントがデザインを気に食わないと言う時、明確な根拠がないことはしばしばです。「なんとなくこうじゃないんだよ」みたいなこともあれば、根拠があったとしても「色が嫌い」とか、「趣味じゃない」みたいな理由だったりします。デザインに比べれば、企画はまだ説得ポイントが多くあるとは思いますが、それでも明確な基準がなくてボツになることは多々あります。

アイデアはどんどん捨てる

はじめに紹介した先輩に言われたことがもう一つあります。それは、自分のアイデアに固執するなということでした。つまり、クライアントが「そうじゃないな」と言うのであれば、そのアイデアは躊躇なく捨てて、「ではこれは？」とすぐに別案を示せるようになれ、ということでした。

そして、そこでは躊躇なく捨て去ったアイデアでも捨てずに持ち続け、ブラッシュアップしながら温め続けろとも言わ

れました。

　この「固執しない」けれど「あきらめない」。つまり「その場ではアイデアはどんどん捨てるけど、考えついたアイデアは大切に育てながら持ち続ける」という二面性を持つことが、優れたデザイナーやプランナーであるということなのです。

ボツはバツじゃない

　前にも書いたとおり、アイデアやデザインが採用されないということは、何かしらの条件に合わずにボツになっているのですから、それを分析しておくことは非常に重要です。

　よそとかぶったとか、そのクライアントが同様なものを以前にやったことがあるとか、ボツになる理由はいろいろです。

　ボツになる理由のなかでも、予算や技術的な問題でアウトの場合とか、納期的にアウトといった場合であれば、その条件が変われば採用される可能性があります。また、異なるクライアントであれば採用される可能性もあります。さらに、ボツになった明確な理由がない場合は、担当者が変われば採用される場合もあります。

　つまり、多くのボツはバツではないということです。なので、ボツになったアイデアやデザインを、捨てずに温め続け、育てていくことは大切なのです。気持ちを込めて作り上げた自分の宝物を、いつか実現したいという思いもまた大切にしたいものです。

記憶に残ることの大切さ

　店舗の空間デザイナーだったころ、雑誌に載るようなデザインのお店を作っていて感じていたのは、実はむなしさでした。お店ができた時が頂点で、そこからどんどん古くなっていくのです。道具が古くなっていくということもありますが、デザインそのものも古くなっていくのです。オープンしてしばらくたってから訪れると、ちょっとがっかりしてしまう体験をするのです。表面的なデザインの問題だけでなく、本当にいいものであっても、再訪するとやっぱり残念な気持ちになります。

　なぜ、そのような気持ちになるのでしょうか。お店のデザインに限らず、いいものであればあるほど記憶の中の印象が美化されていき、実際に行った時、手にした時に美化された記憶と比べることになるので残念な印象を受けてしまう。残念な気持ちになるのは、そういうことではないかと思っています。

　僕がイベントの世界に魅力を感じるのは、イベントが終わるとすべて壊してしまい、後には何もなくなってしまうということにあります。よく「ここまで作ったのに壊すのはもったいないよね」とか「壊してなくなっちゃうのはむなしくないの？」とか言われますが、僕はまったくそう思いません。

　いいイベントであればあるほど、そのいい記憶だけがどんどん美化され、みんなの思い出に残り続けていくのです。

「形に残らないけど記憶に残る仕事」というわけです。

落ちるためのプレゼン

この記憶に残ることの重要さを感じる体験を、別の形でしたことがあります。

大きなイベントのコンペで、落ちることを前提に仕事を依頼されたことがありました。そのイベントコンペは、業界大手２社のどちらかが取ってきており、他社がそこに食い込むのはまず無理であるということでした。ただコンペに参加することだけは認めてもらったので、落ちる前提で記憶に残るプランを出してほしいという依頼でした。絶対にお金にならない仕事だから申し訳ないけど協力してよという話です。

ひょっとしたら仕事を取れるかもなどと色気を出して、中途半端な落ち方をするような無難な案ではなく、「これはすごいけど絶対無理」的な盛大な落ち方をすることを求められたのでした。こういう話は大好きです。コンペチームととても楽しい仕事をして、結果やっぱり落ちました。

でも、この話には後日談があります。その会社がよその業界と組んでアンテナショップ的なものを造る時に、内々でこぢんまりと、密かにプロジェクトを進めたいということで、コンペではなく直接指名で仕事をもらいました。「あの時みたいな面白い案を出してよ」ということです。僕らにこの話を振ってくれたプロデューサーはこれを狙っていたのでした。

イベントの仕事をしていると、逆にコンペを仕掛ける側に

なることもあります。いろいろな理由で、結局落ちてしまうのですが、毎回参加を依頼したくなる、癖のあるプランを出すチームがありました。そのために、コンペ以外で仕事を出して、そのチームと関係をつなげていたのですが、なぜかコンペには毎回参加してくれていて面白かったです。これも記憶に残ることの重要さの例でしょうか。

何でもアリアリルール

アイデアを出す時に大切なことは、自分でルールを勝手に狭めないということです。課題から大きく外れなければ、答えにたどり着く道筋はいくらでもあります。例えば、山に登る時、めざすのは山頂ですが、登山ルートはいくつもあって、登山方法もいくつもありますよね。ロッククライミングで登る人、登山道を登る人、途中ロープウェイを使う人もいるかもしれません。山頂へ立つことが重要なのであって手段は問題ではないということであれば、ヘリコプターでいきなり山頂に降り立つという手もアリなのです。

僕はこれを「何でもアリアリルール」と呼んでいます。

僕が考案し、講義で使っているワークに「15分間プランニング」ものがあります。

これは与えられたお題に対して、制限時間内でどれだけたくさんの答えを出せるかを競うものですが、評価ポイントは他人よりたくさん書くということ以外にもう一つ、ほかの人が考えなかった方法で答えを書くということがあります。

例えば、「かけるもの」という課題では、「ひっかけるもの」（帽子かけなど）、「被せるもの」（掛け布団など）、「羽織るもの」（上着など）、「振りかけるもの」（ふりかけなど）、「書くことができるもの」（筆記用具など）、「書きとめられるのもの」（メモ用紙など）、「走る競技」（リレーなど）、「掛け算」（３×４など）、「欠けるもの」（月など）など、いろいろな答えが出てきます。そんななか、「かけるもの」を、自分が「書けるもの」と解釈し、とにかくなんでも書いて出した学生がいましたが、これも正解です。

　問題をどう読んでどう解釈するかは自由ですし、どう答えるかも自由です。制限時間のなかでなら、単語でなく文章を書くのも自由ですし、絵でも構わないのです。

　大多数の学生は、義務教育のなかで解いてきた、「三つのなかから正しいものを選べ」とか、「空欄に正しい答えを記入しろ」的な問題に慣れすぎていて、ひねくれた答えは自主規制する傾向になっているのです。そういう頭にはめられた（もしくは自らはめてしまった）輪っかを外してもらうために、こういう課題をやっているのです。

　最初は「それもあったんだ」とか「そんなのありですか」とかいう反応だった受講者が、喜々として「これもありですよね」に変わっていくのです。

　僕らに求められているのは三択でも穴埋めでもなく、正解の決まっていないものに正解を出す、もしくは正解がいっぱいあるものに、もっといい（もっと面白い）正解を探していくというゲームなのです。

言い切ることで安心してもらう

　A案、B案、C案など複数のプランがある時、「北原さんのおすすめ案はどれですか」と聞かれることはよくあります。クライアントにはプランを選びたいという願望があって、複数案を求められることが多いのですが、提案する側からすればベストなプランは決まっています。

　もちろんデザイナーのおすすめプランと営業担当のおすすめプランが異なっているということはあります。デザインとコストは相反する場合があるからです。

　クライアント側にはさまざまな事情があり、担当者にも趣味や志向があるので、提案側のおすすめプランが必ずしも採用されるとは限らないのですが、現場を重ねて関係性が構築されてくると、判断を任せていただけることも多くなります。「実はおすすめプランはクライアントから指定された予算金額に合わないのだけれど、北原さんが勧めるなら追加で予算を出そう」と言ってくれることもあります。

　グラフィックデザインなどの場合、プランを二つ作って並べ、比較・検討するということはありますが、空間デザインの場合、どちらかのプランしか作れません。クライアントに限らず多くの人は、空間デザイナーのように二次元の図面を頭の中で三次元で再現し、そのなかに立ってみるというようなことはできません。だから決めることは難しく、最後まで迷っているのです。なので、おすすめ案で作った場合には、完

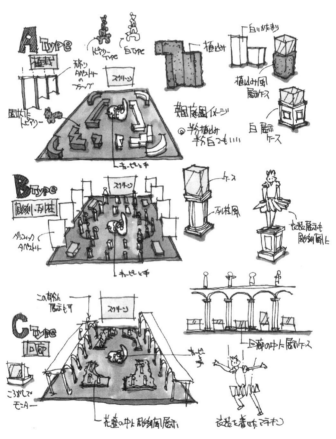

イベント会場のラフスケッチ

成した時に、「ほら、こっちにしてよかったでしょ」と自信を持って言ってあげられることが必要です。

　クライアントの代わりに判断をしてあげることは重要な仕事なのです。もしもプランナーやデザイナーが迷っていたら、クライアントは不安になるだけです。

　何度か現場をやっているクライアントとのエピソードを紹介しましょう。ある写真展の会場デザインをした時に、現場に写真パネルが届いているのに、クライアントが遅れてくるということがありました。何もせずにただ待っているのは無駄なので、いったんすべてを展示し、クライアントが来たら指示を受け、展示し直そうと考えました。クライアントとしても、一から展示を考えるより、できたものを見ながら手直しをしていく方が楽だろうという考えでのことです。ところが、たまたま僕が現場にいないタイミングでクライアントが到着し、展示されている写真を見て開口一番「だれがこの順で展示の指示を出したんだ？」と怒りだしたそうです。あわてた会場の担当者が、「北原さんがこの流れが一番かっこいいと思うからと言っていました」と言ったところ、そのクライアントは「ああそうなの、ならこのままでいいです」と言ったそうです。こういう関係ができていくのは、イベント現場を続けていく喜びだったりします。

根拠のない自信が根拠

　デザインやプランを決める時や、クライアントに一番を勧

める時、その根拠はどこにあるのかと聞かれることがありますが、実ははっきりした根拠はないということが多いのです。言葉にできる根拠はないけれど、そのデザインやプランには自信がある。そういう、デザイナーやプランナーとしての直感のようなものがあるのです。だから自分の直感を信じて「いい」と言い切るのです。言い切るのは怖いものですが、それが役割なので言い切ることが必要です。ただそこにあるのは経験と感覚に裏付けられた「根拠のない自信」だったりするのです。

いたずら書きはアイデアの可視化

　アイデアを出す時に大切なもう一つのことは、思考を可視化するということです。要するにメモなのですが、なにかを書き出すという作業は頭の整理に役立ちます。書きながら考えをまとめる作業を、書いたものを結びつけながら行います。手でアウトプットしながら目でインプットしていく感覚です。ここでは最初からまとめようとしないことが大切で、テーマに沿って思いついた言葉をとにかく書き出していきます。いたずら書きのような感じで構いません。その時に重要なのはなるべく大きな紙で行うということです。大きな紙を使うことによって全体をながめることができ、思いもかけない言葉のつながりや、ジャンル作りができあがります。一人でやるブレーンストーミングのようなものです。大きな紙による一覧性ということが大きく作用するのです。そのため、アイデ

ア出しをするときに備えて、小さなメモ帳でなく大きなスケッチブックを持ち歩いています

　こうした作業のあとで、一度書き出したものを横に置いて、まとめながらもう一度書く作業をします。これも手でアウトプットしながら目でインプットしていく感覚を持ちながら行います。企画を作る時も、講義を組み立てる時も、論文を書く時も、舞台のシナリオを創る時もこの方法でやっています。ぜひお試しあれ。

アイディアはどんどん捨てよう。

05 「妄想」のすすめ

世界観と物語と脳内リハーサル

イベントの仕事をする時に重要なのは想像力ですが、僕はそれをさらに一歩進めて妄想力と言ってしまっていいのではないかと考えています。ここではその一例として二つのことを書きたいと思います。

世界観と物語

ディスプレーデザインや舞台セット、イベント会場などをデザインする時に重視しているのは世界観です。ゲームやアニメのイベントの場合は、すでにある世界観のなかに僕がデザインする空間は存在するのかしないのかが判断の基準になります。ゲームやアニメの物語の世界の延長上にそのイベント空間が存在しないと参加者はその世界に入りきれません。「これはないよな」と感じた途端にその人は現実に戻ってしまうからです。

僕が観客で参加した時に一番残念に感じることはたいていここの部分です。僕は世界観オタクなので、作品に対する愛がないイベントには敏感に反応してしまうのです。なのでほとんどの人が気にも留めないような細かい設定にこだわりたく

なるのも、ディレクターとしてどこかの誰かがそれに気がついて「ありがとう」と感じてくれることを狙ってというより、僕のような人が不幸にならないで欲しいという願いや、「ああ自分と同じ考えの人がこの世の中にいる」とホッとしてくれる人がいることを祈ってのことの方が大きいです。僕の中にいるオタクの自分をガッカリさせないイベント空間にしたいだけかもしれませんが。

ゲームやアニメのような世界観を持っていないイベントや展示においても、僕は世界観を大切にしたいと考えています。この場合重視するのは「物語」です。

ある地方物産イベントで、野菜の直販売り場を作っている時のアドバイスの例をお話ししましょう。

出店者がなんとなく並べていたジャガイモから、大・中・小３個のジャガイモを選び、レジの横に布を広げて置きました。それも、大中二つのジャガイモの間に、ほどよい間隔を空けて小さいジャガイモを置きました。このように並べただけで、そこにジャガイモ親子のステージができました。ジャガイモに目鼻をつけたり、帽子を被せたりしなくても、物語は生まれます。見る人がそう感じてくれれば、ジャガイモが３個並んでいるだけでなく、そこに三つのジャガイモの関係性、すなわち「物語」が浮かび上がるのです。

近年アニメや漫画やゲームなどのタイトルをイベント化することが多くなっています。

僕も関わることの多いイベントですが、そのなかで一番気

をつけたいと考えているのは「世界観」と「物語」です。

多くのイベントに参加して一番残念なのは、主催者やイベント実施者に作品に対する愛が感じられない時です。

作品にはそれぞれお約束があり外せないネタやキャラクターがあります。逆に言えば、そこを押さえてさえいれば、最低限の基準はクリアできるということなのですが、それさえできていないイベントは多いのです。イベントはもちろん商売ではあるのですが、あまりにも商売が前に出てしまい、作品がないがしろにされていると悲しくなります。

「世界観」について話をするとき、その象徴として、必ず取り上げる話題があります。それは、東京ディズニーシーの、いわば「海」の入り口ともいえるポートディスカバリーの水門です。

ディズニーシーができた時にディズニーリゾートラインも開通しました。この鉄道は、JR舞浜駅とディズニーリゾートを結ぶモノレールですが、一方向にしか周回しないため、ディズニーシーに向かう場合は敷地を半周以上することとなります。窓から外を流れる景色を楽しんでいる間に、ディズニーリゾートに沿ってリゾートラインが走っているということを、知識として理解するのです。

しかし、ディズニーシーに入り、この水門を見た瞬間、そうした知識はきれいに消え去り、港に停泊している船がこの水門を出て、広い海に出ていくのだというイメージが浮かぶのです。この瞬間に我々は魔法にかかるのです。

これはディズニーシーの「世界観」がしっかり構築されているからであり、車両からの視界が計算されて施設が造られているからにほかなりません。

　同じテーマパークでも、ユニバーサルスタジオジャパン（以下USJ）は映画撮影所ですから、周囲の建物や施設が見えていても一向に構わないのです。現に、大阪湾にかかる橋が完全に見えていても誰も気にしていないのは、そういう理由だからです。テーマパークとしての世界観に違いがあるのです。

　撮影スタジオであるから、隣のスタジオで全く世界の異なる作品の撮影をしていてもいいのです。ここにUSJ内で日本のアニメ作品のアトラクションが可能となる下地があります。

　要はなんでもありなのがUSJなのです。だからUSJに行く人はそこに違和感を感じないし、文句も言わないのです。

　ある時、大学で学生スタッフたちがクリスマスの飾り付けをしていました（次ページの写真A）。

　これを見て僕はこう並び替えました（写真B）。

　並び替えたことで、サンタと飼い犬、雪だるまの親子の間に関係性が生まれました。

　サンタと飼い犬、雪だるまの親子はそれぞれが一体式なので、視線の向きなど細かい調整はできませんが、おたがいに挨拶を交わしている感じが生まれ、ここに「物語」が想像できるのです。「物語」が生まれてしまえば世界観も生まれ、ここのシーンにはない場面や展開にも想像が広がります。雪だ

写真A

写真B

るまの子どもと犬の関係とか、サンタさんと雪だるま一家とのやりとりとかです。例えば、サンタさんを家に招いて一緒に手料理を食べたり、仕事の話をしたり、サンタさんの旅の話を聞いたり、そんなシーンが浮かんできます。

　切り取られた一つの場面から、想像が広がり、世界が広がっていく、そんなセット作りが僕は好きなのです。

同様な考え方はおもちゃ売り場におけるぬいぐるみ展示にも生かされており、同じぬいぐるみをきれいに整列させた場合より、視線をランダムにした一見整理されていない展示の方が売り上げに結びつくと言われています。これは商品であるぬいぐるみと購買者との間に物語が生まれるからで、「この子と目が合ったので」という動機で、たくさんの同じぬいぐるみのなかからその一体を選ぶのです。もちろんぬいぐるみが子どもに視線を送っている訳ではないので、大いなる勘違いではあるのですが、ここに物語の魔法が存在するのです。

　アニメや漫画やゲームなどのイベントとは、その作品世界があって初めて可能になるアナザーストーリーです。ファンはその世界に入りたくてやってくるのです。その作品世界をいかに壊さずに再構成して、ファンに届けるかが問題となります。
　もしも参加したファンが、「イベントだからこの程度か」とか「イベントだからしょうがない」などと思ったとしたら、そのイベントは失敗なのです。このため重要になっているのが「世界観」と「物語性」なのです。

　「世界観」と「物語」について業務にからめてその状況ごとに分析していきましょう。

1. 他作とのコラボの問題点
　アニメや漫画やゲームなどのイベントで多く問題となるの

が、その作品にないキャラクターやほかの作品のキャラクターとの併用です。

その作品に存在しないキャラクターがいると世界観が壊れるのは当たり前ですが、イベントではいろいろなキャラクターがいてにぎやかなのが好まれる傾向があり、コラボという流れになることもあります。そうする場合はエリアで分けるなどの工夫をしないと世界が混乱することになります。

たとえ作者が同じであっても、安易なコラボは「世界観」を壊す要因となるので避けたいところです。

もちろん別の作品であっても同じ地平に存在する、同じ宇宙史上に存在するキャラクターであれば、同時に存在することは可能であるのですがそうでない限り難しいのです。

仮面ライダーや戦隊ヒーローがシリーズを超えて共闘する大集合的な作品は、演出的に盛り上がるし、胸が熱くなるけれども、本来はあってはならない形ではあります。

ウルトラ兄弟も放送開始当初はなかった設定であるし、「ティガ」「ダイナ」「ガイア」など平成のウルトラマンシリーズはまた別の世界の物語であるので、シリーズを超えてのコラボは本来成立し得ないのです。これを成立させるためには夢オチや並行宇宙などのそれこそウルトラ級の設定をしなくてはならず、子どもはともかく古くからの大人のファンは納得させにくいのです。

「ゴジラ」「シン・ゴジラ」「ゴジラ−1.0」もまた、それぞれ別の世界の話です。

2. 等身大問題

キャラクターの大きさも重要です。

等身大表現は実はイベントの重要なファクターです。キッズイベントの場合、来場者とキャラクターが記念撮影とか握手という演出になるのですが、着ぐるみやスーツを使わざるをえないので、どうしても作品世界との差が生まれてしまうのです。ヒーローショーが仮面ライダーや戦隊ものなどになるのはそういった理由もあり、怪獣vs.巨大ヒーローや巨大ロボットの場合、ステージショーがギリギリの線であり、ファンとの握手などの交流イベントは成立しにくいのです。

撮影小道具と一緒に、着ぐるみやスーツを展示することは可能ではありますが、怪獣やヒーローそのものとして扱うことには問題があるのです。

なのでその設定上、ウルトラセブンと来場者が並ぶことはあっても、ウルトラマンと来場者が並んで記念写真を撮ることはありえないのです。明らかに等身大のリアルさから逸脱するからです。

展示された着ぐるみのゴジラの横での写真撮影はできても、中に人が入り、動くキャラクターとしてのゴジラとの写真撮影はできないのです。

3. 衣装展示のリアルさ

アイドルやミュージシャンなどのイベントでは、衣装展示を行うことが多くなっています。

ファッションショップなどで服を飾る場合は、その服の商

品としてのイメージがもっとも良く伝わるようにという視点からサイズを選び、イメージ第一で展示するのですが、アイドルなどの衣装展示の場合は、衣装を着ている本人にひもづいた展示でなければなりません。特に注意しなくてはいけないのはグループの場合で、ステージでの並び順、身長差などをリアルに再現する必要があります。

　実際の衣装のスリーサイズが、公式 HP などで公表されている情報と異なっている場合もあり、注意が必要です。公表されていたサイズに合わせて用意したマネキンやトルソーにエアパッキンや布で肉付けを行って調整しなければなりません。現場に専門のスタイリストがいる場合はお任せするのですが、事務所から衣装だけが届くというケースも多く、そんなときは大変です。

　さらに、ライブ衣装では、シャツを出す出さない、ボタンをとめるとめない、ひもを結ぶ結ばない、さらに、アクセサリーの着け方など、通常とは違う使い方をすることも多く注意が必要です。ライブ映像やオフショット写真などを事務所から提供してもらって、注意深く着付けを行うのですが、あそこが違うここが違うなどと、来場者からの指摘が入る場合もあり、展示中のメンテナンスも欠かせません。

　ロック系の男性ミュージシャンは細身の人が多く、展示用の男性マネキンでは着付けられないこともあります。そんな時はスタンド式のトルソーを使用するのですが、ポーズを作るために、手付きのトルソーを使用することもあります。ポーズをとらせたいのに胴体だけのトルソーしかない場合は、

エアパッキンなどで手足を作る必要があります。服だけで展示するとその部分に膨らみが生まれずチープな表現になるからです。トルソーは頭部がないものが主なので、展示する衣装に被り物がセットとしてある場合も注意が必要となります。トルソーの上に吊るかとか浮かせるといった展示方法の工夫が必要となります。

　アイドルの衣装では、生地や縫製など特殊なものが多く、そうした衣装は展示のために修正が必要となっても、現場で縫うことはできません。その場合は安全ピンを多用することとなりますが、衣装にピンを刺す許可は必ず事務所側に確認を取っておくことが必要です。

　アニメのキャラの衣装展示を行う時には、リアルにはありえないアニメキャラの体型を、既存の展示道具で表現するのに難しさを感じます。

　アイドルの場合と同じように、事務所から衣装だけ送られてきて「あとはそちらでよろしく」のような場合もあり、苦戦させられます。特に過去のツアーで使ったもので、現在は使われていないという衣装の場合、保管状況が良くなかったり、一部のパーツがほかの衣装に流用されて欠けてたりといったケースもあり、さらに確認に苦戦することとなります。

　衣装展示ではかなり細々としたことが多く、苦労させられるのですが、それでもファンに楽しんでもらうために全力を尽くしたいと思うのです。

　衣装で「世界観」が表現されて、立ち位置やポーズなどでツアーの再現がなされ、そこに「物語性」が浮かび上がった

とき、展示の喜びもまた生まれるのです。

4. グッズのクオリティー

　ゲームグッズのチープさにも残念な気持ちにさせられます。
　「シン・ゴジラ」の世界観の中に「巨災対（巨大不明生物特設災害対策本部）」というグッズは存在しても「シン・ゴジラ」というグッズは存在しないのです。
　その点「バイオハザード」におけるグッズ制作は本物志向が強く、納得のいくものでした。
　たとえば初期作品において、警察内の特別チームが着ているウインドブレーカーとして販売されたのは、アメリカの警察官が実際に着ているものと同じものであり、注意書に「アメリカに着て行った場合、空港で没収される可能性がある」と書かれていました。
　同様に、ゼロハリバートンやZippoとのコラボ商品も、価格を抑えたゼロハリっぽいバッグとか、Zippoっぽいライターなどではない本物でした。余談ですが、ゼロハリバートンは４万円以上し、しかも、商品には鍵がかかっていて、ゲームをやった人にしか開け方（鍵の番号）が分からない、というおまけ付きでの販売でした。しかしそれでも、皆納得して購入していました。
　たしかに、大人が日常使いできる、本物のクオリティーを追求した結果、ゲームグッズとしては単価が非常に高くなってしまうという問題はありました。しかし、子どもだまし的なチープなものは買いたくないという思いをかなえ、大人の

ファンが納得できるクオリティーのものを作れば、その需要はあるし、確実に売れるということを証明できたと考えています。

5. 海外が舞台の作品表現

　海外が舞台の作品のイベントを日本で開く時の難しさもあります。

　日本人のスタッフや役者が外国人の名前で登場するのには違和感があるので、日本人が登場する理由付けやそのための裏設定が必要となるのです。

　「バイオハザード」は日本のゲームでありながら、物語の舞台はアメリカの地方都市であったため、日本でイベントをやるためには設定作りが必要でした。

　例えば脱出ゲームでは、アンブレラ社というアメリカの製薬会社が薬害で倒産した後、そのグループの日本法人の代表であった五十嵐皓貴が密かに研究を続けていた日本の研究施設という設定をつくりました。

　裏設定について参加者に詳しく説明はしないのですが、裏設定は細かく作れば作るほどリアルさを増すと考えているので、カプコン担当者と設定をかなり詰めていきました。

6. 参加する理由

　世界観マニアとしては、たとえ遊園地のアトラクションであってもその施設に入る理由が欲しいのです。どんなに無理矢理な設定でも、それがあるかないかでその世界への入りや

すさは異なります。

　参加者は説得されたいのです。

「バイオハザード」のイベントであれば、「特別隊員になるための訓練施設」とか「研究施設に入ったら実は」などの設定が必要となるわけです。

　脱出ゲームにおいても世界観マニアとしては、なぜ閉じ込められるためにそこにいるのかが納得できませんでした。閉じ込められないと脱出できないので仕方がないといえばそうなのですが、それが納得できないと筆者はその世界に入れないのです。

　お金を払ってやってきて、自ら閉じ込められるために施設に入って、にもかかわらずいち早く脱出しようとするということに矛盾を感じ、どうしたらこれをクリアできるのか悩んでいました。そのため自分が制作に参加したときは、閉じ込められるための裏設定を作って挑みました。

　しかし、脱出マニアの人にとって、その部分は全く気になっていないことは面白かったです。閉じ込められに来る理由から考えたいという提案に「なんで？」というリアクションだったのが印象的です。

7. 美術セットのリアリティー

　美術セットの本物らしさも重要です。作り物であるのは分かっていても、いかにも作り物というのでは嫌だというのがファン心理というものでしょう。

　本物らしく見せるために、ウェザリングとエイジングも重

要です。舞台や映像などで美術セットを組む場合、きれいに作るだけでは完成とは言えず、そこに汚し（ウェザリング）や古色蒼然といった経年変化（エイジング）を施すことで完成するのです。

　筆者が駆け出しの頃、映画やテレビの美術や小道具の世界のチームと、空間作りやイベント制作のチームに接点ができました。バブル期に手がけていたゲームセンターやディスコなどで、そういう美術のチームと仕事をするようになっていきました。

　はじめは、空間内装チームがせっかくきれいに作ったものを美術チームが汚していくことは、なかなか理解されなかったのですが、施設が増えていった結果、周囲の理解が進み、最初から汚しが入った仕上げが可能になっていきました。昭和30年代の街並みを再現した、新横浜ラーメン博物館などの施設の影響が大きかったと思います。

　建物を造る場合、それがどこの地域で、築何年で、どのくらい朽ちているのかということを考えて作っています。このあたりが統一されていないと、施設ごとにちぐはぐになってしまうので注意が必要なのです。

　擬岩などではFRP（繊維強化プラスチック）を使うことが多く、遠目では区別がつかないほど、造形のクオリティーは高くなっています。しかしそこにも、映画やテレビのセットとイベントのセットの違いがあるのです。

　映画やテレビの場合は、光の当て方なども工夫して撮影し、スクリーンや画面上で見た時にリアルであればいいのですが、

イベントの場合は観客が近くで観て、触れることができてしまうので、遠くからの見た目だけでなく、ディテールや手ざわりなども重要となってくるのです。同じFRP造形でも、表面だけを作り中は空洞のものと、何かを充填しているものでは触った時の反応が大きく異なります。この触ることのできるFRP造形で中身を詰めるという作業は、とかく見落とされ、省かれがちなのですが、とても重要な作業なのです。

　来場者はそのようなセットに立った時、自然と「物語性」を感じ取り、そのなかに自らを見いだすのです。

8. コアファンへの訴求ポイント

　気づいた人だけがニヤニヤしてくれればいいという、いわばコアファン向けの仕込みも重要です。例えば「バイオハザード」におけるハーブやインクリボン、「ジョジョの奇妙な冒険」第4部におけるサンジェルマンの紙袋やハーヴェストとブルースタンプなどがそれにあたります。

　こうした仕掛けは来場者全員に気がついてもらう必要はなく、ここぞという場所に展示できればよいので、いい場所を確保する必要はありません。

　小道具もまた重要です。「シン・ゴジラ」の発声可能上映会では「巨災対」の施設でのイベントという設定で、巨災対施設へのメンバーパスとゲストパスをリアルに作りました。このパスやカードキーや名刺といった小道具は、本物を作る工程とほぼ一緒なので、簡単に本物と同じクオリティーのものを作成することができ、かつ手に持って身近に使用してもら

うことが可能なものなので、その世界や物語に入ってもらうための引き金としてはとても有効なのです。

ジョジョ展ではアニメのなかでの当たりくじをリアルに再現して立派なガラスケースに入れて展示するということも行いました。

9. その作品らしさ

訴求ポイントと同様に、そもそもその作品世界のコアとなる設定がなんなのかを考え、とらえることは、「世界観」を守っていく作業とイコールです。

イベントやコラボは、作品世界があって初めて可能になるアナザーストーリーですが、主となるストーリーからどのくらい離れてもアナザーストーリーとして成り立つのかを見極めることが難しいのです。

筆者が関わったSCRAPの脱出ゲームとカプコンの「バイオハザード」のコラボ作品である「廃病院からの脱出」においてのポイントもここにあったといっていいでしょう。この作品には、怖さ演出の担当としてお化け屋敷プロデューサーの五味弘文氏も関わっており、脱出ゲームに寄せたいSCRAPチームと、お化け屋敷に寄せようとする五味氏と、バイオハザード担当としての筆者のせめぎ合いのなかでの作業でした。もちろん恐怖要素は必要ではありますがお化け屋敷にはしたくない。「バイオハザード」に寄せすぎると脱出ゲームファンはついていけなくなる。脱出ゲームに寄せていくと「バイオハザード」は単なる素材になってしまい、バイオハザードフ

ァンは納得しない。このせめぎ合いのなかで、どうバランスをとりながらそれぞれのファンを納得させる作品を仕上げるのかということです。もちろん脱出ゲームではあるので脱出ゲームファンでもある筆者としては、脱出ゲームとしてのレベルも落としたくありませんでした。

　このような関係性のなかで、前述のような、物語性を補完するための裏設定作りとか世界観を補完するための小道具制作という流れになっていくのです。

10. 現実との地続き感

　アトラクションイベントに参加した人が、参加する前と後で世界の見方が変わるようなイベントを創りたいと考えています。

　これも「廃病院からの脱出」の例ですが、見慣れた街の施設の中に謎の研究所があり、アンブレラ社の研究を受け継いでいる。今回はその一つが制圧されたが、この街のどこかに同様の施設がまだあるかもしれない。そしてそれはあなたの街なのかもしれない、という感覚を持てれば、ゲームの世界と考えていたアトラクションの世界が、実は現実と地続きであるかのような感覚が生まれるのではないだろうかと考えました。

　そんな世界の見え方が変わるようなイベントを創りたいのです。筆者がこのような指向を持つようになったベースには子どものころにテレビで見た「ウルトラQ」や「ウルトラセブン」「怪奇大作戦」からの影響があるのは確かです。子ども

の時に感じた、あのドラマと現実との地続き感が今の自分を形作り、世界観オタクを創り上げているのです。

11. メタバース空間のイベント会場の「らしさ」とは

　近年広がりつつあるメタバースなどのバーチャル空間は、本来、現実世界に即している必要はなく、表現は自由なはずです。しかし、イベントを行う場合には、その場所に対してどうしても平板さを感じてしまうのです。

　筆者は、現実世界の空間らしさというものはノイズにあるのではと考えています。

　CGで空間を表現する場合、どうしても必要要素だけで構成してしまうことになりがちで、余計なものが入ってこないのではないでしょうか。現実は余分なものであふれています。

　一時期、バーチャル空間でのイベント会場の計画にいくつか関わっていましたが、そこでの私の役目は、どういう背景の絵であれば、そこをイベント空間として、参加者がリアルに感じてくれるかを考え、形にするかでした。

　ゲーム開発やグラフィックデザインをしている人のなかにもイベントやライブに行く人はいるはずなのですが、そういう人たちが創り出す空間にイベント感やライブ感が感じられないのです。そこで元々空間デザインに携わっていて、かつ現在イベント企画演出を行っている筆者に仕事が回ってきたのです。

　通常のデザインワークは余分なものを引いていく作業なのですが、このときは余分なものを足していく作業であったこ

とが興味深かったです。バーチャル空間での演出で本来意味のない音響機材や照明機材、スタンド類やケーブル類があったほうがイベント空間らしくなることが分かりました。

　ただ、それをどのように、どのくらい置けばよいのか、そのバランスが重要で、そこを間違うとちぐはぐなイメージになってしまい、逆効果になるのです。

　このノイズを適正に乗せるという、本来ありえない作業はとても面白い体験でした。

　こうして作り上げた空間背景にアバターたちが存在することによって、イベント空間やライブ空間ができていくというのは、観客がいてライブ空間が完成するというリアルなイベントと共通するものであって、それも興味深い経験でした。

現場に入る前に脳内リハーサル

　僕はイベント現場に必要なものを忘れていくということがまずありませんし、突発的に起きることに対応できる部材や道具があらかじめ用意されていることがあって、仲間に不思議がられたり、褒められたりするのですが、そうなるのには実は理由があります。

　初めての現場であっても、僕にとっては何度目かの現場なのです。実は、イベントの計画ができあがり、準備ができた段階で、僕は想像のなかで現場に入って作業してみることにしています。

　これは空間デザインをしていた時からの習慣です。例えば

住宅を設計する場合、完成して施主さんが住み始めてからではなかなか手直しはできません。住み始めないと分からない不具合をなるべくなくすには、施主さんに引き渡す前にその家に住んでみることなのですが、そんなことは許されません。そこで図面ができあがった段階で、頭の中に3Dで自分が設計した空間を作り上げて暮らしてみるのです。どの部屋にどんな家具を置いてとか、友達を呼んでパーティーとか、子どもが育ってきたので子ども部屋を作るとか、子どもが巣立って夫婦だけになるとか、そこでいろいろな体験をします。

　そうするとドアの開き方が逆かどうかというレベルのことだけでなく、ドアの開き方と照明スイッチのいい関係はどうかとか、テレビを置くのにアンテナ線が遠くないかとか、コンセントが使いやすい場所にあるかとか、ベッドとエアコンや照明の一番いい位置関係とかも試せるのです。さらに、キッチンにいる人からリビングがどう見えるかとか、吹き抜けのソファーから振り返ると2階のどこが見えるかとか、いろいろな生活の場面を想像することで「体験」できます。このように、引き渡し前の家で暮らしながら、不具合が見つかるたびに設計変更をしていくのです。

　店舗設計をする場合も、初心者は什器(じゅうき)を並べる空間だけ設計して終わりなのですが、当然そこに商品が並んで営業をするわけなので、想像のなかで商品を並べた空間を作って、店員をやったりお客さんをやったりしながら、それがどう見えるのかを試していきます。

　イベント現場をやるようになってからも、僕はこれを応用

しています。

　インテリアデザインをやっている人の多くは、この平面の図面情報をCAD（図面作成ツール）を使わずに、頭の中で立体化し、視点を変えて検討できるという空間把握能力を身につけているのです。そこまでの能力がなくても、イベントの現場を想像の中でたどってみることは可能です。イベント現場を順に思い浮かべ、その都度、使う道具を確認していけば、持ち物リストを完璧にすることができますし、突発的な出来事でプラン1が難しくなった時、プラン2を発動する場面を想像してみて、さらに準備しておくべき部材や道具をリストに加えておくことができるのです。

　リメイク版の「白い巨塔」というテレビ番組の中で、主人公の財前五郎役の唐沢寿明さんが手術の前に手を動かしながら空想でリハーサルをしているシーンがあるのですが、その場面にとても共感したのを覚えています。

　僕にとっては住宅や店舗を引き渡す時に、すでに何年も使用経験があるのと同じように、初めて入るイベント現場が、何度か経験がある現場に変わっているのです。現場に来てからあれがないこれがないとあわてることは起きません。これも不思議がられる時がありますが、現場に入ってワンテンポおかずに、すぐに作業指示を出してスタートが切れるのも、このおかげだと考えています。

妄想はどんどん膨らまそう。

06 「ながら族」のすすめ

マルチタスクとパラレルタスク

　イベント業務において、複数の項目を同時に処理することを求められることはとても多いのです。例えば、密なスケジュールのなかで、本番を予定時刻に開始させるために、現場で突発的に起きた問題に対し、進行中のほかの業務処理の手を止めることなく対処することを求められたり、いくつもの進行状況の異なる案件を同時にこなしていかなければならなかったり、企画の進行中に納期のより短い企画を突然差し込まれたり、といったことが日々起こります。

　定時にイベントをスタートさせるために、会場設営やリハーサルなどがタイムスケジュールに沿って進むよう指揮をしている現場監督の元には、「機材が予定通り届かない」「機材が壊れた」「○○さんが見つからない」「演出が急に変更になった」といった重要なものから、「弁当が足りない」とか「手を切ったので絆創膏はないか」「カッターが見つからない」、はては「トイレの紙がない」といった些細なものまで、実にさまざまな問い合わせが転がり込んでくるのです。現場監督は、これらを瞬時に重要度別に分類し、優先順位を決めて処理していく、もしくは、誰かに指示を出して処理させる、といった必要があります。

一般に同時並行での問題処理のスキルとして、マルチタスクとパラレルタスクが挙げられます。ここではその特徴と効果、局面ごとの適性について検証してみましょう。

思考の方法について

1. シングルタスクの意味と適性

　一つの作業に集中して処理を行うのがシングルタスクです。
　一つのことに集中できるので仕事の効率が上がると言われています。雑念を入れずに思考にのめり込むことができ、一つのことが片付いてから次の課題に移るため、集中性は高まりますが、一方で順序が重要となります。

　同じシングルタスクで作業を行う場合、どの順で行うかに作業センスが表れるので注意が必要です。
　例えば、優先順位に差のない、いくつもの作業を同時に依頼されたときに、大きなものから取り掛かっていた場合は、途中の段階で進捗確認があったときに「どの業務もまだ終わっていない」と報告するしかありません。
　逆に短い時間でできるものから取り掛かった場合は、「これとこれは終了していますが、これは時間がかか

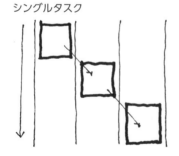
シングルタスク

りそうです」という報告が可能となります。

　たとえすべての作業が終了する時間が同じでも、この二つの印象は大きく異なります。

　完璧主義の人ほど、一つのことに集中して問題を解決したいと考える傾向がありますが、優先順が高い事象が発生し、急いで処理しなければならなくなった時に、今集中している作業を終わらせないと次の作業に入れなかったりすれば、結果として、緊急処理のタイミングが遅れてしまうのです。

　また、やりかけの作業を中断し、緊急作業に切り替えた場合、元の作業に戻るときに途中でやめたポイントが分からなくなり混乱することが起きるのです。

2. マルチタスク（並行処理）の意味と適性

　複数の作業を切り替えながら処理を行うのがマルチタスクです。元々はコンピューター用語で「複数の処理を同時に行う」という意味です。

　思考をカットアウト＆カットインしていくイメージです。

　いくつかの思考作業の間を行ったり来たりしながら、全体を進めていく形となります。取り組む思考作業内容に共通性がある場合は、

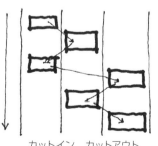

マルチタスク

カットイン　カットアウト

同種の作業はまとめてやった方が効率がいい場合もあるので有効です。

　ただし作業を切り替えるためのインターバル時間が発生し、全体の処理が遅れると言われています。場合によっては生産性を低下させる場合が生じるのです。処理を切り替えながら作業を行うので、作業中はそれぞれシングルタスク的な作業となります。

3. パラレルタスク（並列処理）の意味と適性
　複数の作業を同時に処理を行うのがパラレルタスクです。思考をフェードアウト＆フェードインしていくイメージです。
　都度都度処理を切り替えるのではなく、複数の作業を同時に行うという点が異なります。
　マルチタスク（並行処理）と異なるのは、作業を切り替えないという点に尽きます。まさに同時に複数のことを考えるのです。頭を切り替えるのではなく、それぞれの思考のボリュームを上げ下げしながら思考を行うので、常に頭の隅に思考が残った状況が続くわけです。思考の数だけあるフェーダーを上げ下げしながら思考をまとめていくイメージとなります。

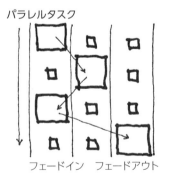

　何かをしながら別の何か

をする、いわゆるながら族的な行動となるため、集中力が低下し作業効率が落ちると言われています。

イベント業務における
同時並行並列での問題処理が求められるケース

イベント業務において同時並行並列での問題処理が求められるケースは以下のようになります。

1. 発想作業時

デザインワーク、アイデア出しや企画とは、情報や発想を結びつけていく作業であるため、異分野やほかのジャンルとの飛躍的な結びつきが重要です。

このため思考対象となる一つの分野やジャンル内での思考ではなく、幅広い視野や思考が必要となります。同時並行並列問題処理的な思考方法はこのジャンルの垣根を越える手助けとなります。

2. イベント業務管理時

イベント業務管理は常に一つだけのプロジェクトに専念できるわけではありません。常に複数の案件を抱えていることが当たり前で、それぞれのプロジェクトの進捗状況が異なります。そういった業務における思考方法として同時並行並列問題処理は重要な手法となります。

3. イベント運営時

　ディレクター業務とは現場におけるすべての作業を監督することです。そのため現場で起きる突発事項に関して適切にかつ速やかに処理を行っていく必要が生じます。

　刻々と入れ替わる優先順位を加味しながら問題を処理していく必要がある現場では、同時並行並列問題処理が必須となります。

イベント業務による特殊性

　ここまであげたように、一般にマルチタスクもパラレルタスクもシングルタスクに比べて処理効率が悪いようにとらえられています。しかしこれはすべての処理を完了させるトータル時間の問題での比較です。

　作業全体で見た作業効率と、その時その時の条件での作業効率、つまりマクロでとらえた作業効率とミクロでとらえた作業効率は必ずしも一致しないのではないでしょうか。

　イベント現場で問題処理を行う場合、突発的に起こる問題点に瞬時に優先順位を与え、処理していく必要があります。

　このため、すべての問題を処理するトータル時間より、その時に最優先となる問題は何かを判断し、時には入れ替えて順位の高いものから処理していくことが重要となるのです。

　全体的に時間が多くかかったとしても、その時処理しなくてはいけない問題を速やかに解決していくことの方が重要となるのです。

その問題が解決しないと全体も進まないという事象もあります。

　ここでパラレルタスクという手法に関して導入したい新しい概念として「レイヤー」というものを挙げたいと思います。
　「レイヤー」とは「階層」という意味です。複数のシートを重ねた状態で作業をするもので、イラストレーターなどのグラフィックソフトやCADソフトで導入されているものです。画面を情報階層ごとに分けて、処理効果を上げるための手法となります。
　見た目の画面は一つですが、何枚ものレイヤーを重ねた状態で同時に処理していくのが通常で、画像ソフトを使っている人にとってはとてもなじみのある言葉であり、作業です。
　イベント業務ではグラフィックソフトを多用します。そしてこの作業手法に慣れていくなかで、私は発想作業を行う時にも無意識に頭の中にレイヤーを重ねて作業をしていることに気づきました。

　イベントで同時進行している事項をそれぞれレイヤーとしてとらえ、重ね方を変えながら、あるいは濃さを変えながら思考していくことで、イベント全体を把握することが可能となります。現場で何か突発的な問題が発生した時に、その事象だけをみて処理するのではなく、ほかのレイヤーとの関係をとらえながら処理することで、より的確な処理が可能となるのです。

これにより情報の広がりという指標と情報の密度という指標のほかに、情報の深度という奥行き方向の指標が加わることになりました。この情報深度という感覚はパラレルタスク処理を行うときにとても重要で、画面そのものを切り替えるのではなく、画面はそのままにレイヤーの手前または奥といった深さの切り替えが可能となるのです。

　イベント現場における問題は、その問題が起きたポイントだけで解決できることは少なく、現場のほかの状況との関係性のなかで初めて解決できる場合が多いのです。画面を切り替えて判断すること（つまりマルチタスク）より、深さだけを切り替えて判断すること（つまりパラレルタスク）の重要性はここにあるのです。

　私は、この「レイヤー」という概念を加えた、パラレルタスク（並列処理）が、ライブ感をもって進行するイベント業務において最も有効であると考えているのです。

07 「絶体絶命」のすすめ
イベント現場の中毒性とプロフェッショナル

なぜイベント仕事はやめられなくなるのか

　イベント現場にいてよく聞くのが、イベント現場の中毒性ということです。イベントの現場監督を長くやっている人と話をしていると、トラブルが起きると実はちょっとワクワクする、という人が多いことに気づかされます。

　もちろん何ごともなく現場が進むに越したことはないのですが、イベントの現場は毎回状況が異なり、どんなに綿密な打ち合わせをし、万全の準備で臨んでも、突発的な事象が起こることを避けられないのです。

　この突発的な事象に対処するのは、現場で指揮をとっているディレクターの仕事になります。これにどう対応して現場をどう進行させるかという解決策はディレクターの腕次第ということになるわけです。逆にこの現場対処のためにディレクターはいるわけで、何事もなく現場が進行しているときは、その進行を見守っているだけの存在なのです。もちろん、ただ進行させるだけでもたくさんの指示が必要ではあるのですが、それだけならサブディレクターでも可能なのです。なので、トラブルが起きるとちょっとワクワクするというのは気持ちとしてはよく分かります。というか最初は僕だけだと思っていました。いろいろな人と関わって、話ができるように

なり、さまざまな場所で講演などをさせていただくなかで気がついていったことなのです。これは自嘲的に言って、ある意味「病気」のようなものだと思っています。「ディレクター症候群」ですね。こんな人たちがたくさんいるのがイベント現場なのです。プロディレクターの多くは、何かトラブルがあると逆に生き生きしてくるという不思議な習性を持っているのです。

　「絶体絶命」とか「四面楚歌」とか「崖っぷち」とか「突発事項」とかいう言葉に喜々として反応する人が多い不思議な世界です。

成功体験 vs. 失敗体験

　イベント現場は設営から本番までの時間が短いのです。店舗などの空間を造る仕事であれば施工期間も長く、竣工後も商品陳列や店員教育などの期間もあってすぐにオープンにはなりません。

　それに比べてイベントの場合は設営期間も短く、リハーサルがあってすぐ本番がやってきます。ライブイベントで短いものだと朝から設営、昼からリハーサルをやって夕方から本番、終演後撤収して1日が終了というスパンになります。展示会でも通常は月曜、火曜が設営期間で、翌日の水曜にはイベントが始まり金曜まで開催して金曜の夜には撤収が完了します。このように短い期間で本番がやってくるため、本番に間に合わせるために問題は短い時間で解決しなくてはならな

いのです。

また現場期間が短いだけでなく、そのプロジェクト期間も短期間であることが多く、それゆえに新人が仕事について数年で、いくつもの業務を体験することとなるのです。

クライアント＋出演者＋スタッフ＋来場者

イベント現場は一回性が高いです。同じことを繰り返しているかのように見えるツアーイベントにおいても、全く同じということはまずありません。つまりライブということが大きな要素となっているのです。同じ内容のイベントでも、その時の環境や気候や周辺状況が変われば、それは全く別のイベントなのであり、変更も多く発生し、事前に立てた計画通りに進まないことも多いのです。

そのような環境の中で、多くのスタッフがそれに関わっています。スタッフだけでなく、そこにはクライアントがいて出演者がいてさらに観客がいます。スタッフだけが満足というのではイベントは成り立ちません。

そのため、この4者がすべて満足できるイベントを創り上げた時の達成感（快感）はすさまじく、一度そんなイベントを体験するとやめられなくなるのです。

現場監督（ディレクター）という仕事は、あらゆる問題とクレームが集約するポジションだけに、クライアントから「ありがとう」と言われ、出演者から「またよろしく」と言われ、関わったスタッフから「また呼んでください」と言われ、帰

途につく客から「今回の○○は良かったね」といった感想が聞こえてきたりするとたまらないものがあります。

できる監督ほど普段何もしない

　現場監督（ディレクター）とは、あくまで指示を出して監督するのが業務であるので、仕事ができる監督ほど普段は何もしていないように見えるものです。もちろん本当に何もしていないのではなくて、全体に視線を送って状況をとらえているのです。その上で指示が行き届いていて現場が回っていて自ら動く必要がない状況であれば、本来監督が動くことはないのです。

　筆者も、普段現場では荷物整理をしているか掃除をしているくらいしか動いていません。もちろんこれも次の作業の導線確保のための荷物移動であったり、現場が安全にスムーズに回るための片付けであったりするのですが、周囲には手持ち無沙汰のように映るのでしょう。

　そして、何か突発的な問題が発生したときに（もしくは発生しそうな兆候を見つけたときに）動き始めるのです。

　イベントがライブであればあるほどそこで起きることへの対処に正解がある訳ではないため、それまでに得た経験から解決策を見つけ出し対処することとなります。

トラブルがあると急に生き生きしだす人たち

　なにかが起きた時、プロであればあるほど「どうしよう」という考え方はしていません。これまでの経験から、瞬時に解決策の選択肢を導き出し「どの方法でやろうか」と考えるのです。この初動の差が解決に対して大きく響くのです。ここにアマチュアとプロの差が存在するのです。

　そういう経緯を経て問題がスマートに解決した時、それが個人の体験からくる解決策であればあるほど、本人にとって快感となることは否めません。私もそれは体験していることで共感できます。

　しかも前述の通り、イベントの現場業務はスパンが短く、自然と体験数が多くなるため、自分が監督をしている現場でなくても突発事態に出会う機会も多く、それをその時の監督がどうやって解決したか、もしくはどうやって解決できなかったかの知見も増えていくのです。これを私は問題解決のための「引き出し」と呼んでいますが、プロディレクターであればあるほど、この「引き出し」ハンターや「引き出し」コレクターであることが多く、日々「引き出し」収集にいそしんでいるのです。

　その時の正解が次にも正解となるか分からない状態、しかも成功ルートが一つではない状態のなかで、解決策を見いだせた時の達成感が大きいのは理解いただけると思います。

　そのため、イベント業務がやめられない人が増え、突発的

な問題が起きたときに、急に生き生きしだす人種が増えていくのだと考えています。

プロデューサーとディレクター
戦略としてのイベントと戦術としてのイベント

社会の問題を解決する手段としてイベントを採用する時、そのイベントは戦略的な意味を持ちます。この戦略を立てるのはプロデューサーの仕事だと僕は考えます。戦略としてのイベントを実施するための作戦にはいくつもの選択肢がありますが、どの手法を選んでいくかを考えていく時に戦術的思考が生まれます。この戦術を組み立ててプロデューサーの許可を得、作戦を実施するのがディレクターの仕事になります。そのためには戦略を理解した上で戦術を選択しなくてはならないので、どちらの考え方も知っている必要があります。ここがイベントディレクターの面白いところです。

引き出しコレクター

突発事項に対する対処法を複数の候補からベストのものを選びたいとか、戦略に対しての戦術を複数の候補からベストのものを選びたいとかいう理由で、イベントディレクターの多くは常にいろいろなことに興味を持ち、アンテナをくるくる回して情報を集めています。何かの時のために、いつ使えるか分からないものでもコレクションして脳内整理してしま

う、引き出しコレクターなのです。

　そのため、遊びに出かけた先でもついつい仕事の視線になってしまうのです。遊びに出かけたのに、家族から「仕事の目になっている」と指摘され、ごめんごめんということがよくあります。これも「ディレクター症候群」の一つです。好きなアーティストのライブに行った時や好きなイベントに行った時も、ついつい仕事の目になってしまいます。特に何かしらのトラブルがあった時、それも僕だけが気づいているような小さなトラブルでも、状況を分析してしまう自分がいて、ライブやイベントを心からは楽しめない時があります。

ツアーとイベントディレクター

　僕がイベントディレクターとしてイベントツアーに参加する場合、その方法には大きく異なる二つの立場があります。
　一つ目は、いつものツアースタッフが一つのチームとなってすべての現場を回る方法で、現場に入る前からお互いの気心が知れていていい動きができます。チームの仲が良いのでツアーも楽しく回ることができますし、今入っている現場だけでなくその先の現場も見据えて打ち合わせをしたり、フィードバックをしたりすることが可能です。
　二つ目はすべての現場を回るのはディレクターだけという方法です。行く先々で作業チームは別々になるので、一度ツアーの前に現地に行って顔合わせをし、会場打ち合わせをして、あとは本番の現場までメールでのやりとりとなります。この

場合、毎回スタッフが異なりますので、一つの会場で起きたことの体験を次の会場で生かせるかどうかは自分次第ということになります。

あなたはどちらのやり方が楽しそうだと思いますか？　一つ目のやり方の方が楽しそうって思いますか？　たしかに楽しいですが、僕は二つ目のやり方の方が好きだったりします。短い時間で人間関係を築かなくてはなりませんが、それだけに濃い関係ができます。そして、ツアー終了後の打ち上げを、どこに行ってもいつものメンバーとやるのと違って、行く先々で地元の人とやった方が、地元との関係ができますし、新しい仲間ができたりもします。

いつの間にか全国に仲間ができていて、僕が行くのを待ち構えている感じです。

仕事ではなくプライベイトな旅行で行った先で、なぜか現場の手伝いをさせられてしまうことになるのも、実はこのせいでもあります。

絶体絶命と友達になろう。

●2章
イベントの現場から

01 ディレクター力は現場力
―展示会の現場から

良いディレクターとは

　マーケティングの立場から出展を考え、仕事を作り出す（プロデュースする）のがプロデューサーなら、制作的な立場からブースを考え、現場を仕切る（ディレクションする）のがディレクターということになります。

　バブルのころよく見かけたのが、立ち会いとして現場に入っているけど、文字通り立ち会っているだけで何もしないという代理店などのディレクター。この人は何のためにここにいるのだろうと、ずっと思いながら僕は仕事をしていました。

　クライアントからの指示を、施工元請会社の営業担当者を呼んで、言われたまま伝える。営業担当者は施工チームの担当者を呼び、そのまま伝えるという、ただの伝言ゲームのような状態が続いていました。そして、ゲームではよく起きる言葉のすれ違いが、現場でも起こっていました。ゲームならそこが笑いのポイントになるのですが、現場では笑えない事態になります。

　みんなが現場はそういうものだと思っていたから、そうなったということもあったのでしょう。現場のことや施工のことを何も知らず、専門用語や手法も十分理解していない人は、現場の状況を判断し、指示を出すことはできません。だから、

そうした人は間に入っても伝言していくしかなく、その指示がトンチンカンで現場は変なことになってしまい、誰も相手にしなくなってしまった、なんてこともあったのだろうと、今では思います。

　クライアントからの指示を吟味して、反論すべきことがあれば反論し、提案すべきことがあれば提案したうえで、施工チームに伝えるべきことを的確に伝える。また、施工チームから相談があれば、それを吟味して、反論したり提案したりする。そして、クライアントに要望した方が良いと判断されれば要望する。こうしたことができないなら、ディレクターが存在する意味はないと思っています。僕がめざすのは、そういうディレクターです。
　そして、そういうディレクターであるためには、設計を知り、現場を知り、施工を知らなくてはならないのです。
　現場に良いディレクターがいて、それがシステムとして正しく機能すれば、現場は効率よく回り、その結果として同じコストで良いブースができるのだと思います。

展示会現場の独特な世界

　展示会の現場はちょっと特殊です。
　一日二日でセットを作り開場、数日間で会期が終わるやいなや、その夜のうちに組み上げたセットをバラす。同じ会場にたくさんの会社や団体が出展する展示会ともなれば、一つ

の現場にいくつもの施工チームが入ることになります。また、クライアントや施工チームが別でも、現場作業や職人、オペレーターは同じということもあります。同じタイミングで搬入、施工、展示作業をする。そして同時に引き渡しが行われ、短期間で解体する。こんな環境の現場はほかにはありません。

　店舗の現場の場合ですと、引き渡した後に、商品の搬入や展示、店員教育の期間を利用して仕上げの工事をするとか、ペナルティーはあるもののオープン後に差し替えなどということもありえますが、展示会の場合、そんなことをやっていたら、イベントが終了してしまいます。だからなんとしてでもオープンに間に合わせるのです。

　そのためには、あらゆる作業や生じる問題に、現場にいるメンバーでなんとか対処しなくてはなりません。施工チームに加わったならば、自分は電気屋だからとか、自分はサイン屋（→p.142）だからといって、ほかの作業を手伝わずに済ませることはできません。人手のかかる作業は皆でやる。手が空いている人はほかの作業のサポートにまわる。そんな現場になります。

　さらには、大規模な展示会などでは、ブースの垣根を越えて助け合う。そんな関係が展示会の現場にはあります。自分のブースの進行が順調であれば、隣のブースに施工チームのメンバーを快く送り出してやる。これもディレクターの仕事です。そして、いつか自分が助けてもらうときがくるかもしれないのです。こんな関係が成り立つ現場の面白さ。これが、僕が展示会の現場から離れられない大きな理由です。

プロデューサーとディレクター

　展示会の現場で、プロデューサーとディレクターの職能の違いを感じる経験をしたことがあります。

　現場2日目の夜、翌日のオープンに向けて最終展示作業をしていると、クライアントが怒鳴り込んできました。展示物のタイトルロゴが違う、古いタイトルロゴだというのです。ロゴが違うなんて許されることではありません。

　さっそく僕の周りに施工チームのメンバーが集まりました。ところが、「夜遅くでも動いてくれる出力屋さんを押さえられる」「会場のほかのブースに知り合いの経師屋さんがいる」「ほかのブースから高所作業車を借りられる」などなど、みんな喜々として動いていました。緊急事態のはずなのに不思議な感じです。

　データをどこに送り、誰がレイアウトデータを修正して、どこで出力し、誰が引き取り、現場でどうやって差し替え作業をするか……。とにかく翌朝までに間に合わせるための手順が、みるみる組み上がりました。

　ところが、あとはGOサインを出すばかりという段になって、現場に来ていたプロデューサーからストップがかかりました。実は、彼は僕たちが施工の段取りを組んでいる間、全く別の視点で全く別の動きをしていました。

　かれは、会社に届いていたすべてのデータを確認させていたのです。制作の途中でタイトルロゴのデータはいろいろ変

更されており、受け取っている中では最新のロゴのデータで施工していたのですが、クライアントが言っている新しいロゴのデータは届いていなかったのです。クライアント側のデザイナーにも確認が取れ、現場に来ている営業の人に連絡も入れてもらいました。

「明日の朝までに修正することは可能です。イレギュラーな作業なのでだいぶ追加料金がかかりますが、いかがでしょう？」

普段は仕事上の立場の違いからぶつかることも多い「ディレクター＆現場制作」チームと「プロデューサー＆営業」チームですが、さすがにこの時はお互いの職能を認め合いました。

施工初日の朝

僕は現場作業の初日、搬入口シャッターの前にスタンバイし、シャッターが上がると同時に一番乗りするのが好きです。

まだ何もない展示会場を見渡していると、これから始まる現場を思ってワクワクします。このワクワク感は、数えきれない現場を経験してきた今でも変わりません。ここにトラックやクレーンが入り、たくさんの施工チームが作業し、いろんな形のブースが立ち上がり、開場してお客さんが入り、イベントが終了し、あっという間にバラシが終わり、サラの展示会場に戻る。そして、その何もなくなった会場を背に出て行く。

初めて展示会の現場に入った時、そうした現場のドラマに感動したものです。そんな現場に行き始めたころの感動をずっと味わいたくて、やっぱり現場に一番乗りしてしまうのだと思います。

まず確認すべきこと

搬入口が開いて、さっそく仕事開始です。

施工を始める前に、まずはブースの位置とサイズを確認します。ブースの場所が間違っていることはまずありませんが、サイズに関しては、出展者側が勘違いしていたなど、いろいろな理由から図面と違っていることがあります。

次にピットとブースの位置関係。慣れた会場なら事前にピット図などで確認して施工図を描くのですが、確認がとれていない場合は施工初日に確認する必要があります。ピットの位置によっては、予定通りアンカーを打てなかったり、分電盤までブースの床を太いケーブルがはうことになります。また、いい場所にピットがあれば、そのピットをうまく活用して配線を仕込むこともできます。なので、分電盤の位置の確認も欠かせません。提出書類の上下の勘違いなどで位置が違っている場合があるからです。

これらを確認したのち、施工図を直したり、施工チームに指示を出したりします。こうした作業は真っ先に行います。施工が始まってしまうと、どうにもならなくなることが多々あるからです。

現場にいる理由

「現場にいることはデザイナーの仕事なの？」という質問をよくされますが、施工を進めていく中で図面の変更が必要となる場合がよくあり、この作業はデザイナーがディレクターとして行うべきだと考えているからです。できあがってから現場に来て、「図面と違う」とか「ここを直せ」などと文句を言うデザイナーがいますが、僕はそういう人をプロとは認めていません。

僕がなぜ現場にいるのか。それは直せるタイミングで指示を出すため、現場が迷っている時に決めてあげるためです。現場を効率よくスムーズにかつ楽しく進める。そのために文句も言うし、決断もする。それがディレクターの仕事です。

会場を回る

さてスタート前の確認作業が無事終わり、指示出しも終わったタイミングで、僕は会場を一周します。

会場の事務局の場所や、会場施工や電気工事の部隊が机を広げている場所、いわば相談所や、リース屋さんやレンタルグリーン屋さんが出店を広げている場所を確認することも大切ですが、それと同じくらい大切なのが、ほかのブースに入っている施工チームの確認です。

ほかのブースで、顔見知りの施工屋さん、電気屋さん、大

工さん、経師屋さん、照明屋さん、音響屋さん、映像屋さん、美術屋さんなどを見つけると、挨拶して、自分が入っているブースを伝えておきます。実は、これが後でとても役に立つことになるのです。

同じ理由で、搬入口や駐車場をまわり、停まっているワゴンやトラックに書かれた会社名や、置かれている搬入車両証から、現場に入っている施工チームを確認したりもします。

現場は場数

僕は「現場は場数」だと思っています。トラブルに強いディレクターは、いろいろな現場で、いろいろなトラブルを体験してきているのです。

現場で若手の人を見ていて思ったことがあります。何かのトラブルに見舞われたとき、彼らはこのトラブルを「どうやって」乗り越えようか考えている。

でも場数を踏んだディレクターはこう考えます。トラブルを「どの方法で」乗り越えようか、と。

過去に体験し、パターン化したさまざまな事例にあてはめ、このトラブルに対処する方法はどれが最も適切かを、瞬時に判断しているのです。

だからだと思いますが、よそのブースで起きたトラブルも気になります。原因を分析して自分の現場の役に立てるために考える、という癖がついてしまっているのですね。そうやって自分の引き出しを増やしていくのです。

変な話ですが、現場に出ていて感心するのは、初めて出くわすパターンのトラブルが絶えないということです。本当に現場は奥が深いものです。だから楽しいともいえるのだと、僕は思います。

「手待ち」を少なくする

　デザイナーは偉い存在ではありません。現場で、「先生！」なんて言われて、うれしくなっているようではまだまだです。

　現場で偉いのはものを作る人たちです。だから大きな問題や変更がない限り、また搬入時のチェックや仕上がりの確認がない限り、現場が効率よく回るためには何をすれば良いかを考えるのが、デザイナーの、またディレクターとしての仕事になります。

　前のチームの仕事が片付かなかったり、道具や作業条件が整わないなどの理由で、チームが作業に取りかかれずに、ただ待っている状態のことを、一般に「手待ち」といいます。オープンまでの限られた時間で施工しなければならない展示会現場においては、この「手待ち」は最も避けたい事態です。

　ですから「手待ち」がなるべく少なくなるように作業手順を考え、工程を組むことが重要です。ただ、現場は常に流動的に変化していくので、その場その時で適切に判断して、指示を出していくことが必要となるのです。

　現場監督的なことをやりながら、次の作業を先回りして考え、人の動きを読んで、搬入物の置き場所を決めたり、もの

を動かしておいたり、ゴミをかたづけたりする。そんな裏方雑用係を率先してやることができなくてはなりません。

　だから、順調に動いている現場で僕がやっている仕事の大半は、掃除と荷物の整理整頓かもしれません。でも結局はこれが一番大切なのです。作業のたびに荷物を動かしたり、ものを探したり、ゴミをかき分けたり。ものを作る人たちに、そんなことをやらせるのは時間の無駄です。そんなことは、現場で手の空いているデザイナーやディレクターが、監理の合間にやればいいことなのです。その方が絶対に効率がいいとは思いませんか？

現場での指示系統

　現場において指示系統は絶対で、クライアントやプロデューサーといえども、現場の職人さんに直接指示を出すなどということはしないのが本来です。

　通常は、ディレクターから施工屋さんの現場監督もしくは棟梁(とうりょう)などに依頼して、職人さんに指示を出してもらうことになります。ましてや、職人さんの仕事に手を出すなんてことは許されません。

　なぜならば、何かトラブルが発生した場合に責任を取るのは施工屋さんの現場監督もしくは棟梁だからです。怒られるのは職人さんだからです。

　簡単な作業だからといって作業に手を出して、あげくの果てに失敗したりしたらどうでしょう。職人さんがその作業を

やり直すなど、あってはならないことです。余計な費用を発生させるだけでなく、現場の作業効率を悪くさせてしまうのです。

現場マニアが現場を救う

　でも現場に入っていて仕事を見ていると、つい自分でもやってみたくなるというものです。僕のような現場マニアの性(さが)なのですね。

　で、どこかで必要になるかも知れないからという理由を言い訳にして、棟梁や職人さんに聞いたり、教えてもらったりすることが増えていきました。現場の片隅で、残材や廃材を使ってやってみたりしているうちに楽しくなって、どんどんのめり込んでいきました。

　しかも、僕は道具マニアでもあるので、現場で見たプロ用の道具を買ってみたり、買えば当然使いたくなるので日曜大工で試してみたり。うまくいくこともありますが、同じようにやっているつもりでもうまくいかなかったりすると、そのことを現場で話して、また教えてもらうになりました。そんなことを繰り返しているうちに、コツがつかめたり、何が難しいのかを理解できたりしていきました。一応やったことがあるとか、道具の使い方を知っているとか、自分ではできなくても、どうやればよいかを知っているということは、打ち合わせの席や、現場での指示にとても役立ちます。

　職人さんはデザイナーを立ててはくれますが、「こいつ何

も知らないな」と見限ると、心の底では馬鹿にします。まあ、これは職人さんに限ったことでもないですよね。ものを知らない人の指示ほど怖いものはありません。

そんなことを繰り返してきた結果、現場でのトラブルが起きたとき、ほかに頼める人がいなくても、なんとか自分でできるようになっていきました。もちろんプロにはかないませんが、下手な見習いよりは良い仕事をすると思っています。

現場での関係

どんな現場であれ、職人さんたちとつきあっていて楽しいのは、仲良くなればなるほど技を見せてくれることです。

何か問題が起きた時、「こうしたら、なんとかなりませんか？」と意見を言ってみると、「そうだね、でもこういうやり方もできるんだよ」と、上級テクニックを披露してくれたり、クライアントの要望に僕が渋々OKを出したときとかに、「それでもいいけど、北原君はそれじゃいやでしょ」と言って、面倒な仕上げや作業をしてくれたり、それから、無理な頼みごとでも、「北原君の頼みだからなあ」と引き受けてくれたりする、そんな関係が生まれています。

そんな関係を続けているうちに、僕が担当する現場はこういうものなのだとみんなが理解してくれて、担当外の仕事でも手伝ったり、僕がやる作業を認めてくれるようになったり、職人さんと直接やり取りができるようになったりしていきました。

毎日現場に行くということ

　こうした関係が生まれ、深まっていくに従って、僕はますます現場が好きになり、気がつくと、デザイナー＆設計者＆現場ディレクターとして、毎日現場に行くというのが当たり前になっていました。

　展示会の現場は長くてもせいぜい３日程度ですが、店舗や住宅の改装などの現場はもっと長くて、うれしくなってしまいます。

　あるとき、クライアントさんから「北原さんはいつ現場に来てくれますか？」と聞かれ、「僕は毎日いますから、いつでもどうぞ」と答えたら驚かれました。どうも世間の設計者はそんなに現場に行かないようですね。

　余談ですが、ある住宅の施工前の現場での打ち合わせで、棟梁に「現場期間中に来られない日ってありますか？」と聞いたところ、「この日とこの日とこの日」みたいなことを言います。「なに？　そんなに来ないの？」と返したところ、「でも、どうせ北原君は毎日現場に来てるでしょ。それなら僕は工場を仕切っていた方が効率も仕上がりもいいし、それに、うちの職人のことはみんな知ってるでしょ。直接指示出して進めててよ」と言われました。

　この時は初めて心の中で「勝った！」って叫びましたね。

初日に立ち会う

　無事に現場が終わり、引き渡しが終了しても仕事は終わりではありません。展示会の初日に立ち会うことは、営業活動の一環ということ以上に意味があります。

　たとえ出展慣れしている出展者であっても、展示会初日に展示物が追加されるとか差し替えになることは珍しくありません。特に、まだ研究・試作段階の商品を発表しようとする場合、展示物はギリギリまで進化しているので、調整が済んでいないためにデータが差し替えになったり、追加になったり、また、直前になって展示が取りやめになるケースさえあります。こうした場合、開場前のわずかな、限られた時間を使っての調整が必要になります。

　出展者の担当者と対応を検討し、開場までに間に合わせられるのがどの部分で、初日中に対応できるのがどの部分なのかを判断できるのは、やっぱり展示会の現場に慣れたディレクターということになります。

　打ち合わせの結果によって、レンタル備品の追加やシステム変更や出力などを手配し、電気工事や展示などの作業をその場で行うこともあります。たとえ職人さんがいなくても、ある程度は対応できる資格と経験が生かされるわけです。

　こうした対応が必要となる事態を想定し、開場となって現場に入るのではなく、出展者の人が来場する前に会場に入り、ブースに行って、展示物を確認して待ちます。

当然、ある程度の作業ができるだけの道具は持っていきます。エンターテインメント系の展示会で、一緒に組んだ施工屋さんの担当者に「会期中は来るの」と尋ねたら、「チケットもらえたら子どもと来ますよ」なんて答えが返ってきて、がっくりきたことがありますが、これは論外ですね。もちろん僕が聞きたかったのはそんなことではありません。

　朝一番に会場入りするメリットはほかにもあります。それはブースの写真をきれいに撮れるということです。

　施工最終日では残業しているブースもあり、通路にはゴミがあったり道具が片付けられていなかったりして、きれいな写真は撮れません。一方、展示会が始まってからは、通路やブースの床が汚れたり展示物が動いたりしてしまいます。

　これに対し、初日の朝は会場の全体清掃も終わり、メイン通路のパンチカーペットも敷きたてで美しく、しかも会場の照明は作業時と違い本番セッティングになっています。その上、人も少ないので、ブースだけの写真を美しく撮ることができます。ブースにフォーカスした写真をしっかり撮っておくことは、終われば壊してしまう展示会の仕事においては重要な記録となります。

　駆け出しの新人に、展示会に行ってブースの写真を撮って来てと頼んだところ、コンパニオンと並んで記念写真を撮ってきたという強者(つわもの)がいましたが、これは論外ですね。

　無事に開場した後は、知り合いのチームのブースを中心に展示を見てまわり、情報収集をします。

会期中

　会期中、運営に絡んでいない場合はとくにやることはなく、基本的に待機です。会期中に展示物が増えたり変更になったりする場合もあるので、その時に動けるための待機となります。

　また、運営に絡んでいる場合で、バックヤードがしっかりとられている場合は、運営スタッフやオペレーターさんに差し入れを持って挨拶に行き、現場の状況を確認したりします。

撤去を取り仕切る

　さて、展示会が終わると、すぐに始まるのが撤去作業です。
　施工の時と違い、すべてのブースで同時に作業がスタートするので、当然、場内や搬出口は大混雑します。搬出車両の進入は順番待ちになるので、撤去日当日はなるべく早めに車両待機所に車を入れて、整理券を入手し、待機させておきます。一方、撤去作業開始時間に合わせて道具を現場に入れてスタートさせ、トラックが進入してくるまでに、解体・撤去を進めておき、指定された時刻に搬出口に入ってきたトラックに積み込み、さっさと退館、というのをめざします。

　小さなブースの場合は、そもそも現場に車で行かないということも考えます。その場合、有料となりますが脚立や台車を手配しておきます。この手配は展示会の事務局ではなく、展

示会に出店を構えているリース会社に、撤去時に借りる手配をしておきます。展示会場には、宅配業者さんも出店(でみせ)を出しているので、そこで梱包資材も入手できます。

　車両に関して、注意しておきたいことがあります。それは車両を場内に進入させる順番です。早い者勝ちということではありませんよ。

　展示会では大小さまざまなサイズのブースがあり、会場の奥にあるブースがあれば、搬入口に近いブースもあります。また車両も大型トラックから軽トラックまでさまざまで、積み込みに時間がかかる場合もあれば、すぐに終わってしまう場合もあります。搬出がスムーズに進むように、これらを調整しなければならないのですが、難しいのはそれぞれに因果関係がないということです。

　つまり、大型トラックだから時間がかかるだろうとか、大きなブースだから時間が必要だとか、軽トラックだから積み込みに時間がかからないだろうとか、いわば見た目ではまったく分からないということです。資材の量とか、種類や形状とか、さまざまなことを考え、どのタイミングで、どの車を入れればスムーズに搬出作業ができるのか、調整するのもディレクターの役目です。

　搬入口にいる警備員や事務局スタッフは、こうしたことについてはあまり把握していません。現場のディレクター同士、もしくはトラックの運転手さんと話をして、車を入れるタイミングを計ります。慣れないブースはこの誘導ができないので、まごまごしている間にどんどん先を越されてしまう、な

んてこともよく起こるのです。

電気回路を落とす

　撤去開始時に注意しておきたいのは、ブースをバラし始める前に展示物を確実に撤去するということですが、それ以上に大切なのは電気回路を落とすタイミングです。

　タイミングを誤ると、パソコンでデータ作業中に電源が落ちてしまったとか、DVDデッキからDVDを取り出せないなんて事態に陥ります。また、照明器具やプロジェクターなどで、消灯後にファンを回して灯体などを冷却している場合もあります。

　だからといって、ずっと電気を使えるかというとそうでもなく、撤去時間に入ってしばらくすると会場側で電気の供給を切ってしまいます。電源を落とさないでブースをバラすのは危険ですし、バラす側からすれば早く電源を落としてしまいたいわけです。

　LEDでない照明器具は、一日中つけっ放しなので、そうとう熱くなっています。早く消灯して、展示物を撤去している間に冷やしておきたいということもあります。ですのでこの電気回路を落とすタイミングを把握しておくことが重要です。

　電源を落とす時は、「電源落としまーす！」と声をかけることを忘れてはいけません。

撤去、そしてまた

　展示会の撤去はあっという間です。ほとんどの展示会で、撤去は最終日の夕方から夜ということになっていて、心配される出展者もありますが、大丈夫。夕方までにぎわっていた展示会会場が、その日の夜には更地に戻ります。昼間まで展示会が行われていたとは信じられない静けさです。

　ちょっと寂しい気持ちにもなりますが、僕はこの時間もけっこう好きです。そしてまた、次の現場がはじまるのです。

楽しい現場をめざして

　展示会の現場は、限りある時間の中で、限られたメンバーで仕事をすることになります。だから自分の仕事だけやっていればいいというわけにはいきません。

　僕の現場では、みんなでやった方がいい仕事は、そこにいる全員でやるということが基本です。それは、大きなものを動かしたり設置したりするとか、何かをおさえるとかいう場合が多いのですが、大工さんでも電気屋さんでも協力してもらいます。その方がお互いの「手待ち」が少なくて済むのです。プロデューサーや、たまたま立ち会っていたクライアントさんに手伝ってもらうこともあります。

　その場にいるみんなでやるときのポイントは、時間を節約するということよりも、お互いに会話が生まれ、知り合いに

なれるというところにあります。自分が現場マニアだからなのかもしれませんが、せっかく現場で一緒になったメンバーなのだから、知り合いになって欲しいですし、お互いの仕事に触れて、お互いの仕事を知って欲しいのです。

そうすることで、自分の担当の仕事だけではなくて、全体の流れを知り、何が難しいのかとか、各チームの仕事にどのような関連があり、どのように流れているのかとか、作業がスムーズに流れるためにどんな工夫がされているのか、などなど多くのことを知ることができ、それによってさらに現場が楽しくなると思うのです。

住宅や店舗の仕事と違って、展示会の現場は短期間であり、2、3日で終わってしまうことさえあります。なので、自分の仕事だけしてさっさと帰らなくても、と僕は思うのです。もちろん、自分の仕事以外はやらないという人もいますが、少なくとも僕の現場では、そういう人は次から誘いませんし、自然と姿を見なくなりますね。

ディレクターを育てる

今、大学でイベント専攻の講義をしています。これから展示会業界にもたくさん人を送り込んでいきたいと思っています。

これまで話してきたような、僕が考えているディレクターを育てることに興味を持っています。それと同時に、展示会の現場の特殊性とその楽しさを、幅広く伝えていければと思っています。

出展者をサポート

　展示会を支えているのは、1コマ2コマとかで出展する会社や団体だと、僕は考えています。慣れない出展者や団体には専門の部署があるわけではなく、大手広告代理店や制作会社に発注することはあまりないと思います。社長自らとか、社員総出で出展作業を担当するということになります。

　そんな出展者に向けて、展示会のしくみや決まりを分かりやすく伝えていくことが重要だと思います。出展するだけで力尽きてしまったのでは展示会に出た意味がありません。

　これまでマーケティング側から展示会出展について語った本はたくさんあります。コンサルタントを兼ねるプロデューサーもたくさんいます。しかし、制作側から展示会出展について語った本はあまり見かけません。制作側からアドバイスできるディレクターもあまりいないように思います。

　そんな仕事もしていければと今考えています。

施工現場のネットワーク

　改めて書きます。展示会の現場は特殊です。そして、展示会業界はけっして大きくなく、業界の中での転職も多いです。ということで、現場の中で知り合いが多ければ、また業界の中で知り合いが多ければどれだけ心強いことでしょう。さらに言えばみんな知り合いならどれだけ心強いでしょう。「世間

は狭い」ということです。

　僕は、マーケティング（プロデューサー）側からでなく制作（ディレクター）側のネットワーク作りが必要だと思っています。デザイナーやディレクター、施工監理、制作、制作派遣、運営、電気、大工、経師、サイン、出力、照明、音響、映像、美術、リース、グリーン、システム、運搬などなど。展示会に関わる多くの職能が、その仕事の垣根を越えて交流し、意見交換し、仲良くつきあえる。そんな場を作れればいいなと考えて、計画しています。

　現場でトラブルがあった時に心強いということもありますが、何より楽しそうじゃありませんか。すべての現場がオフ会みたいなことになると考えると、想像しただけでワクワクします。

　そんな井戸端会議のようなものを、例えば搬入口会議といった感じでできたらいいなと思います。

　「○○協会」みたいなものではなく、もっと現場に近い人たちが気軽に参加できる、SNSのような形がいいかなと考えています。

（巻末「参考図書」参照）

02 イベント制作

　このセクションでは、制作・運営側（ディレクター側）の視点で、いろいろな側面からイベントについて考えていきたいと思います。

　イベントを企画する際に、制作・運営に携わる者は、イベントに関わる人々、すなわち、ゲスト（いわゆるお客さま）、アクト（アクターやアーティスト、講演者など）、そして、スタッフ（制作・運営に関わる人）の三つのカテゴリーの人々のことを考えます。三つの視点からイベントを考えるといってもよいかもしれません。

　この視点を押さえた上で、イベント制作について見ていきましょう。

分類から考える

　制作・運営側からイベントを見た場合、会場と客層それぞれに注意ポイントがあります。

　まず会場について考えていきましょう。イベント会場は実に多種多様です。会場の分類方法にはいくつものやり方があると思いますが、制作・運営側に立って考えると、次の二つの軸でとらえることができます。

　それはイベント専用の会場かどうかという軸と、屋内か野

外かという軸になります。この二つの軸が組み合わさって、イベント会場の性格が決まってくるのです。

1. イベント専用の屋内会場

　例えば、劇場やコンサートホール、ビッグサイトなどの展示会場、ホテルの宴会場、クラブやライブハウスなどがこれにあたり、最もポピュラーな形式と言えます。遊園地やテーマパークなどの施設型アトラクションも含まれます。こうした会場には、イベントの運営を目的としたインフラが整っているという利点があります。

2. イベント専用の野外会場

　例えば、野外音楽堂、競技場や野球場などで、遊園地やテーマパークの屋外ステージなどもここに入ります。屋内会場に比べると、天候に左右されるという欠点はありますが、屋外ゆえの独特な開放感があり、それが魅力となっています。

　競技場やドーム球場、武道館や国技館などでのイベントは、本来の目的以外で施設を使用することになりますが、転用できる設備は多く、メリットはあります。また近年、こういった会場でのスポーツ以外のイベント使用が一般化してきたこともあり、イベントなどでの使用を見込んだ設計となっているドーム球場や競技場も増えてきています。

3. イベント専用ではない屋内会場

例えば、会議室、倉庫、レストランやショップ内、住宅などがこれにあたります。例えば、CDショップ内で行われるインストアライブ、レストランウエディング、会議室や倉庫で開かれる内覧会や新製品発表商談会などがその例となります。

こうした会場では、イベント運営に必要なインフラが整っていないケースが多く、計画段階で注意が必要ですが、一方で、専用会場にはない環境づくりが可能な点や、主催側にとっての利便性が高いなどの点でメリットが生まれる場合があります。

また、美術館や駅、有名建造物などを会場としたイベントの場合、その建築物が持つ独特の雰囲気や環境がイベントのコンセプトにぴったりはまれば、その効果は絶大です。

4. イベント専用ではない野外会場

公園や駐車場、資材置き場や空き地など、とにかく広いスペースを確保したいという場合に多く見られます。

当然、イベント運営のためのインフラが整っていることは期待できないので、会場の内外で利用可能な設備、立地や交通環境などについて、十分な調査と計画が必要となります。

FUJI ROCK FESTIVALなどの夏フェスイベントや1999年に幕張メッセの駐車場で行われたGLAY EXPOなどがこの実例です。

客層から考える

　イベントはより多くの集客をめざすわけですが、この集客対象の種類、すなわち客層によって、イベントの制作や運営方法が変わります。この分類方法にもいくつものやり方があると思いますが、制作・運営側に立ったとき、次の二つの軸でとらえるのが分かりやすいと思います。

　それは集客対象が特定か一般かという軸と、限定かオープンかという軸になります。

1. 集客対象を特定した限定のイベント

　例えば、マスコミ関係者のみを招待して開くプレス発表や、バイヤー向けに企業が主催する商談会などがこれにあたります。客層を限定し、招待者のみを対象に開かれるクローズドなイベントです。

　一般客を対象としたイベントとは異なる、専門客ゆえの手配が必要になる場合があります。例えば、プレス発表会の場合では、開催場所や時間、進行などについて独特のルールがあり、注意が必要です。また、あらかじめ来場者が分かっているため運営側が集客状況を把握することができ、それに応じて進行することが可能です。

2. 集客対象を特定したオープンのイベント

　例えば、あらかじめ招待券を出しているが、それを持たな

い来場者も入場できるとした、商談を目的とした展示会などがあたります。

　就職セミナーや体験入学イベントなども、客層がある程度限定されますが、ブースは自由に訪問できるので、このタイプのイベントに分類されます。

　来てもらう客層は固まっているが、なるべく広く集めたいというイベントです。

3. 集客対象を特定しない限定イベント

　例えば、商品を買って応募した人とか、クイズに答えて応募したら抽選に当たったとかいった人を対象に開かれるイベントがこれにあたります。

　幅広い層から集客を考えている、招待制のイベントです。

4. 集客対象を特定しないオープンのイベント

　例えば、チケットを買えば誰でも参加できるイベントとか、無料で誰でも参加できるイベントがこれにあたります。

　スポーツ、演劇、ライブ、展覧会、博覧会などのイベントです。

　会場と客層の視点からイベントを考えてきましたが、これ以外にも、有料か無料か、短期か長期か、座席を設けるのか設けないのかなど、制作・運営側として考えなければならないことはあります。

　そこで重要なポイントは、客の多い少ないではないという

ことです。制作・運営上、人数の多い少ないに関わらない必要なことはあります。なので、人数が少ないイベントだからこれは省こうということには、簡単にいかないのです。

計　画

会場と客層の面からイベントを考えてきましたが、ここからは、会場が決定した後の実務の流れに沿って、いくつかの重要ポイントを考えていきたいと思います。

1. 現地調査（現調）

現調で注意しなくてはならないのは、イベントをするスペースだけを見て帰って来ないということです。イベントに関わるすべての場所や施設をチェックすることが必要です。

搬入口と会場までの経路、楽屋とステージまでの経路、建物の入口から会場まで来場者がたどる経路、分電盤、会場事務所、客用トイレ、会場周辺の道路、周辺施設、駐車場などなど、制作・運営に関わるチェックポイントはたくさんあります。意外と大切なのは、会場から近いコンビニやホームセンターなどの確認です。これがあとで効いてきます。ネットやスマホで場所を確認することはできますが、品ぞろえまでは分かりません。実際に見ているかどうかは大きく違うのです。

電気に関してはよく分からないという人が多いようですが、大切なチェックポイントは電気容量（ワット数）と回路数です。

会場でのコンセントの数と位置を確認することは大切ですが、もしそのコンセントがすべて同じ回路であれば、口数がいくつあっても使える機器は多くなりません。コンセントがたくさんあるからと、照明や音響機器をつないでいけば、当然電気は落ちます。コンセントを増設したり、ケーブルを増やそうとしても、そもそもその施設に来ている電気容量が少なければ不可能です。その場合は、電源車を手配することも必要となってきます。なので、電気容量と回路数の確認は現調時に済ませておくべきことなのです。

2. レイアウト

　イベントの種類によって、会場のレイアウトは大きく異なるのですが、ざっくりいえば、客が入るゲストエリア（ゲスト空間）、アーティストなどのアクトエリア（アクト空間）、オペレーターや制作・運営などが使うバックエリア（スタッフ空間）という三つのエリアを、どう組み合わせ、配置するかの計画ということになります。

〈ゲストエリア〉

　受付・エントランスからロビー、客席などがこれにあたります。注意しなくてはいけないのが、どこまでがゲスト空間なのかを、ゲスト側が分かりやすい形で示すということです。例えば、スタッフを立たせるなどの人的な配置、チェーンパーテーションで区切ったり、「関係者以外立ち入り禁止」などのサインを使って、エリアの境界を示す必要があります。ただし、このエリア分けは、ゲストのランクで変化する場合、イ

ベント終了時には入場時と異なる導線を確保する場合、非常時など、流動的に変化させていく必要があり、注意が求められます。

とかく忘れがちなのがトイレ計画で、特にゲストとアクトの共用は避けるのが望ましいのですが、イベント専用でない会場などでは分離することが難しい場合もあり、十分な検討や注意が必要です。また、ゲストがそれぞれのタイミングでトイレに行く場合はいいのですが、ライブやコンサート、演劇などでは、短い休憩時間などにトイレの使用が集中することが十分予測されるので、その計画には注意が必要です。

〈アクトエリア〉

舞台やステージ、楽屋などがこれにあたります。ステージの広さや形、設備のチェックはもちろん、楽屋とステージの位置関係や距離、段差の有無も確認が必要です。さらに、参加アクトの構成や人数、ランクなどによる割り振りなど、楽屋で考えなくてはならないことはたくさんあります。

また、テーマパークの園内でのイベントやお化け屋敷など、アクトエリアにゲストが入って行くことによって成立するイベントでは、アクトエリアの区分どころか、ゲストエリアとの区分けさえ明確でないので、注意が必要です。

〈バックエリア〉

スタッフは楽屋、舞台裏から受付、ゲスト誘導、会場整理など、ゲストエリアとアクトエリアの両方に入り込んで仕事をする場合が多いので、この計画は一番難しいと言えます。たとえば、ゲスト側に見せてはいけない（見えてはいけない）

裏の作業が見えてしまうことは避けたいところです。

しかし、だからといってスタッフとアクトがすべて一緒というわけにはいきません。アクトのプライベート空間である楽屋とスタッフ控室は厳密に区分けすべきですし、オペレーターの作業空間とも分けていきたいところです。スタッフは基本的には黒子なので、影であることが理想です。

なお、ディズニーリゾートは、園内のすべてのスタッフをアクターとして考えるという思想から、客を「ゲスト」、スタッフを「キャスト」と呼んでいます。

3. 導線計画

導線計画というと、とかく客の流れを中心に考えがちですが、イベントの場合は運営導線という考え方をします。これはゲスト導線以外に、スタッフ導線、アクター（アーティスト）導線、VIP導線など、複雑に絡まるイベントに関わる人の動きを、運営側からみて管理しやすい形で計画し、整理していくという考え方です。

イベント専用会場では、ゲスト側の入り口（エントランス）とスタッフ側の入り口（楽屋口）が分かれていることが通常で、整理しやすいのですが、イベント専用でない会場の場合は、すべてが同じ入り口を使わなくてはならない場合も多く、時間帯での使い分けを考えたりします。

催事場でのイベントなど、ステージと楽屋が離れていて、しかもその間にゲストスペースを挟むといった場合などには、誘導用のスタッフを置く必要が出てきます。

また、マスコミ発表会やアニメ声優やアイドルなどのイベントでは、出演者を会場から脱出させるルートをいくつかおさえておく必要があったりします。

〈Qライン〉

　施設に並ぶゲストの待機列を「Qライン」と呼びます。

　東京ディズニーランドの出現で、アトラクションへのゲストの並ばせ方が、それ以前と大きく変わりました。1970年の大阪万博でもパビリオンに入場するために並びましたが、ただ並ばされているだけだったように思います。

　並ぶという行為が当たり前になってきた今、人の多さ少なさによって、流動的にその形を変化させながら、効果的に人を収容し、かつ飽きさせず、途中離脱も可能で安全という待機列を計画していくことが必要になってきています。

　ただ、このことをしっかり学び、効果的に取り入れているイベントは思いのほか少ないというのが現実です。大阪のユニバーサル・スタジオ・ジャパンや2005年に行われた愛・地球博でも、新しい考え方はうまく生かされていませんでした。イベント計画でのこれからの課題と言えそうです。

演　出

　イベント制作に関するさまざまなジャンルのなかで、演出はこれまでとは手法が異なります。ここで、そのすべてを取り上げて解説することは難しいので、演出に関するいくつかを取り上げて、解説していきたいと思います。

1. 舞台（ステージ）

　まず知っておかなくてはならないのは、演劇系とライブ系では、同じ舞台を使うイベントでも、基本的な考え方が違うということです。舞台とステージの違いとでも言いましょうか、両者は演出手法が大きく異なるのです。

〈舞台（演劇系）〉

　演劇系の舞台では、まず演劇作品の世界観があって、それが舞台上に表現されています。舞台上に見えているのは、作品が描こうとする世界のほんの一部です。逆に、作品が描く世界に存在しないものは舞台上にあってはいけません。なので、見えて困るものは一文字幕や袖幕で隠します。影にして消すという考え方なので、当然それらは黒となります。自然の光や心象を表現する照明器具などは客席から見えないようにするのが基本です。古代ギリシアやローマでは舞台のことをプロセニアムといいますが、これは「舞台と客席との間にある開口」という意味です。観客はプロセニアムに切り取られた画面の外にいるというわけです。

〈ステージ（ライブ系）〉

　演劇系とライブ系で一番大きく違うのは空間です。演劇の舞台空間あるいは世界は舞台上にあり、客はあくまでも観客です。これに対し、ライブ系では客席までを含めてライブ空間だということです。ステージ上のアーティストと客席の観客が一体となってライブ空間は生まれます。観客もアーティストがつくり出す空間の中にいるのです。一緒につくり出しているとも言えるでしょう。なので、ステージ側から客席に

向かって照明をとばすことは一般的に行われますし、ステージ上の器具が見切れたとしても気になりません。ステージ上にある機材も含めて、ライブの演出となるわけです。そういう空間であるから、コール＆レスポンスといったステージと客席の関係が生まれるのです。

2. 音　響

　音響空間には、反射音の多い「ライブ」な空間と、吸音が多い「デッド」な空間があります。反射と吸音をバランスよく計画していくことが必要です。イベントの種類、音楽のジャンルによって必要な音響環境は異なります。

　一般に、クラシックの演奏会をやるホールは「ライブ」な空間で、ロックコンサートやライブを行うホールは「デッド」な空間であることが基本です。

　生音中心の演奏では、ホールが響くことや反射音の密度が高いことが重要であり、PA中心の演奏では、残響音まで含めてPAで完成させた音をスピーカーから聴かせるので、逆にホールが響かないことが重要になってきます。

　音響では音をちゃんと届けることが大切なのはその通りですが、PAを入れ、マイクで拾い、アンプを通してスピーカーから出すことが音響だ、と思っている人がけっこういると感じます。反射音や残響音といったことにまで注意がいっていないのです。

　学生が行うイベントなどで、音響担当者がブースにこもっていて会場の音を聴いていないといった場面に遭遇すること

がありますが、ヘッドフォンから流れるモニターの音しか聴いていないのでは、よい音響空間を作ることはできません。

　アンプで増幅して補わなければならないところはないか、楽器それぞれに適したマイクセッティング、つまり楽器の音をもっともよく拾うにはマイクをどう置けばよいか、会場の形とステージ客席の位置関係や反射と吸音の関係はどうなっているのか。そういったことはブースを出て、舞台上や客席に立ってみなければ分かりませんし、それらを知った上で計画しなくては、音響担当者の意味がありません。

　左右非対称であるとか、ステージと客席とオペレーターの位置が理想的でないといった会場は多く見られます。ふだんは飲食店として営業している、なんていう会場もあり、愚痴を言ってもしかたがありません。逆に言うと、こういう場合こそ音響計画が重要となるわけです。また、マイク、アンプ、スピーカーを使わない環境や、使わないイベントの場合でも音響を考えることは当然大切です。音響の世界は奥が深いのです。

3. 照　明

　イベントに限らず、照明計画すべてに言える大切なポイントが三つあります。

　一つ目は、照明器具は熱くなるということです。当たり前に思うかもしれませんが、これを忘れて計画してしまうケースが多々見られます。仮設で照明を組むことが多いイベントなどでは、かっこよさだけを考えて計画すると、ゲストがさ

わってしまって、やけどをするといった事故につながりかねません。スタッフでさえうっかりさわってやけどをするということもあるのですから、照明機材や器具を設置する場所や方法についての気配りは必要です。

　二つ目は影の問題です。平面図だけで照明計画を考えている人にありがちなことですが、展示物を見ようとすると自分の影が展示物にかかってしまうといった間抜けなことになります。そんな馬鹿なと思われるかもしれませんが、実はこれは非常に多く見られます。

　三つ目は、照明は切れるということです。もし、簡単に交換できない場所に照明を仕込んだりすると、本番が終わるまでまず交換できないでしょう。こういうことまで想定して計画し、仕込み作業をする必要があります。

　近年ではイベントの世界でもLED照明が多くなってきて、熱い・切れる問題はだいぶかわせるようになってきましたが、知っておく必要はあります。

　展示物に照明をあてる場合、目的によって使う照明が変わります。雰囲気重視なのか、色をしっかり見せたいのか、文字を読ませたいのかなど、照明の選択肢はいろいろあります。均一な光がいいのかそうでないのか、色温度は高い方がいいのかそうでないのかなどをチェックし、適切な照明器具を選び、適切な位置に設置しなければなりません。ただ明るくすればいいという訳ではありません。

4. 映　像

　近年では大型映像装置と言えば LED ということになってきました。

　LED ピッチが狭くて、比較的近くで見てもちゃんと映像として見られるというユニットタイプの LED 映像装置もありますが、見る人との距離がある程度あるステージ上で使う場合にはネット LED が一般的です。これはネット状のパネルにLED がマウントされたもので、軽量で設営撤去も楽、しかもネット状なので映像を出さない時は、その背面にセットした照明などを使うこともできます。スクリーン裏から客席側を見ることもできます。

　プロジェクターを使う場合には、照明と同じ事態が起きることがあります。つまりアクターやゲストの影がスクリーン上に出てしまい、画像が見えないという状況です。これを避けられるのがスクリーンの裏側から映像を投映するリアプロジェクションという手法です。リアプロジェクションではスクリーンの前に立っても影が映ることはありませんが、スクリーン裏にスペースが必要となり、映像投映中はスクリーン裏を通り抜けることはできなくなります。

　最近では大型の画像装置を多用するあまり、舞台上が明るくなりすぎ、演出照明が効きにくくなるといったことも起こっています。

5. 装　飾

　この分野も目的や手法などがイベントによってさまざまで

す。代表的なものを取り上げて解説していきたいと思います。

〈舞台装飾〉

　舞台を見る人の視点を考える必要があります。客席に座って見るのか、スタンディングなのか、上から見るのか、下から見るのか、年齢は？　性別は？　身長は？などなど。また、同じスタンディングのライブでも観客が女性中心なのか男性中心なのかでも、舞台装飾（セット）は変わってきます。

　衣装について知っておくことも、舞台装飾を考える際に必要となります。特殊な衣装や着ぐるみを使う場合には、それらの特性を知る必要があります。出入りにはどのくらいのサイズが必要なのか、セットをくぐりぬけるためにはどのくらいの高さが必要なのか、段差は乗り越えられるのか、階段をスムーズに上り下りできるのか、などなどです。着ぐるみの足の形状から、着たままでは階段を下りられても上れないということもあります。それらを知った上で、セットを計画していく必要があります。

〈展示装飾〉

　舞台と同様、見る人の視点を考えなければなりません。展示物と同じ平面に立って見るのか、上から見るのか、下から見るのか、あるいは左右に移動しながら見るのかといったことを考えなければなりません。また、ここでも年齢、性別、身長などを考慮します。エスカレーターに沿って展示する場合は、エスカレーターが上り側か下り側かで変わります。

　展示会ではブースの設営のためにトラスが使われる例が多く見られます。トラスは、限られた時間で、安定した強度の

構造物を作るのに優れているからで、ほとんどをリースで手配しています。トラスにはさまざまなメーカーやタイプがあり、それぞれの特徴をよく理解して使う必要があります。施工チームが使うトラスなど、機材のシステムを知らないと図面も描けません。

　イベントでは、トラスのほかにもリース品を多用します。展示会には必ず大手のイベントリース屋さんが入っており、ブースに直接届けてもらい、ブースで返却することができます。これによって搬入搬出物の量を減らすことができ、作業とコストを削ることができます。展示会用に作るものや展示会終了後に廃棄するものを減らす効果もあります。木工でブースを作る場合も、パネルやステージなどはリースの機材を中心に構成されています。映像装置や照明器具もリースで構成されます。DVDデッキなどの機器は民生品より業務用機器の方がイベントに向いているという場合も多く見られます。

〈美術装飾〉

　内装デザインの世界に美術装飾の世界が入り込んできてからだいぶたち、今では自然なことと考えられるようになってきました。ものをきれいに作る内装の世界と、使っている汚れや経年変化などの効果（ウェザリングやエイジング）を加える美術装飾の世界では、その思想も手法も異なります。

　イベントで美術装飾を採用する場合、ついテレビや映画のセット美術と同じように考えてしまいがちですが、イベントでの美術装飾の場合は、見る人との距離関係に注意が必要です。カメラで撮影し、映像となった時に自然に見えることを

めざして作られるテレビや映画のセット美術とは異なり、ゲストが直接見たり、時には触ったりできるのがイベントの美術装飾です。より近くで見られるために仕上げのレベルを上げる必要があります。思わず触りたくなることもあるでしょう。となると質感も重要になってきます。乱暴に扱われたり、いたずらされたりする可能性もあります。そのため、手や服に塗料が付いたり、けがをしたりしないように作らなくてはいけません。なので、見る人との距離が近い美術装飾の場合は、よりいっそう高いクオリティーと制作上の注意が必要となります。

施　工

　ここでは現場での実務の流れに沿って、まず施工に関する重要なポイントを考えていきたいと思います。

1. 搬　入
　展示会のように車のまま会場に搬入できる場合と、搬入口で荷降ろしをしてから会場まで運ばなくてはならない場合があります。
　搬入時に注意しなくてはいけないのは、搬入する順番です。作業の手順に合わせて入れていくことが基本ですが、いくつもの会社が参加する展示会場などでは、ほかのブースや搬入車両との兼ね合いを考えなければなりません。先に大きなものを入れてしまうとか、大きな車を先に入れて荷物を降ろし

てしまうといったことを考える必要があります。

　特に多数が参加する展示会では、自分が担当しているブースの作業量が少ないからといって遅く入ったりすると、搬入車両が渋滞して会場に入れない、搬入口に近い大きなブースに関係する工事車両に邪魔されて奥まで車を入れられない、ほかのブースが降ろした機材などで通行が困難になってしまっている、などといった事態に遭遇しかねません。常に時間的な余裕をみておくことが必要です

　百貨店や商業施設の催事場でイベントを行う場合は、商品の搬入で常に使われている搬入口を使うことになるので、一般業務に差し障りのない時間帯を選ぶなど、事前の確認が必要になります。

　ホテルの宴会場でのイベントの場合は、搬入口やエレベーターのサイズ以外にもチェックしておかなければならない項目があります。例えば、搬入口から宴会場までの導線が、厨房からの導線などほかのホテル業務の導線とかぶることが多く、こうした点にも注意が必要です。また、ほかの宴会場で披露宴が行われていたりすると、搬入に使う廊下が料理のワゴンで埋まっているなんて事態に遭うこともあります。なので、事前に同時に開催される予定のイベントをチェックしておく必要があります。

2. 設　営

　舞台やステージでのイベントの現場では、複数のチームが同じスペースの中で、それぞれ別の作業をすることになりま

す。そのため、その作業の順番について打ち合わせておくことが重要です。吊り物系を先に搬入・設置してしまわないと、舞台上にセットを組めません。舞台セットを先に組んでしまうと、バトンを下ろして吊り物系の作業をするといったことができなくなるからです。

展示会などでは、トラスなどの構造体の組み上げ、大型LEDスクリーンの組み上げ、電気配線、木工造作などを同時にやらなくてはならない場合があり、注意が必要です。

どこかの作業が終わらないから次のチームの作業に入れないといった「手待ち」状態にならないように設営スケジュールを組む必要があります。また、もちろん遅刻は厳禁です。これはイベントに限らず、どの世界でも同じですが、とくに設営時間が限られるイベントの現場では許されません。

プロは絶対にやりませんが、学生が主催する民間イベントなどで見かけることで、注意が足りないと思うのはバトンの上げ下げです。照明バトン、美術バトンに限らず、なにかを上げ下げする時には、けっしてその下に入ってはいけません。とくに、動き始めや動き終わりの時は、ショックで吊り下げた物が落下する可能性があり、たいへん危険です。下で見ていることはもちろん、通り抜けるのも厳禁ですので、必ず監視する人を立ててください。

展示会の現場はイベントの現場のなかでもかなり特殊です。同じ会場内にいくつもの会社が出展しており、それぞれの設営チームが入っています。また、ブース内だけでは作業を完結できないのが展示会の設営なので、現場での隣近所との関係

が重要になってきます。しかも、制作期間はわずか一日二日で、オープンも当然同時ですから、展示会場のあちこちで設営作業が同時進行することになります。そんなわけで、展示会場の現場では、チームを超えた協力関係が生まれます。そこで、ディレクターがやるべき仕事として、なるべく現場の早い段階で知り合いの施工チームや職人さんを見つけて挨拶し、話を通しておくことが欠かせません。話を通しておくことによって、何か問題が発生した時に協力をあおぐことが可能になります。もちろん、協力依頼を受けたときは、可能な限り応えます。展示会場内を歩いてまわるだけでなく、駐車場の搬入車両を見てまわることも、どこの会社が入っているかを知る参考になり大切です。

3. リハーサル

　実際の会場に入る前に、アクターやアーティストを中心としてスタジオで行う「前スタ」や、別の場所でセットやブース、システムなどを組んでみて確認する「仮組み」もリハーサルと言えます。とくに特殊な造形や演出などを行う場合には、リハーサルをしておくことでトラブルを避けられますし、会場での設営時間も短縮することが可能になります。

　また、会場で、音響、照明、映像などといった技術装置などのために行う「テクリハ」、アクターやアーティストを交えて行う「リハ」があります。

　さらに「リハ」には、舞台上での場面場面の確認のための「場当たり」「ブロックリハ」や、本番と同じように通しで行

う「ゲネプロ」などがあります。ということで、リハーサルの種類や目的によっては、設営が完了する前に行う場合もあり、注意が必要です。

4. 撤収＆搬出

　イベントでは多くの場合、その最終日の夜に撤収＆搬出が行われます。夕方や夜にイベントが終了して、ほとんどがその日のうちに撤収＆搬出は完了してしまいます。設営と比べ、かなり短い時間で行われるわけです。

　壊す作業である撤去の現場は、廃棄物やネジやクギのついた残材などが多く散乱し、危険ですので注意が必要です。

　また、ブースや展示コーナーの解体に入る前に電源を落とす必要がありますが、コンピューターを使った機材や展示システムなどに影響はないか、そこでの作業は終わっているかを確認してから電源を落とす必要があります。電源が落ちてしまいDVDデッキからディスクを取り出せない、なんてこともあるので注意が必要です。

　展示会では、すべてのブースで同時にバラし作業を始めるので、現場はさらに混雑します。車両の渋滞も搬入時以上に起こるので、早めに車両待機所に車を入れて整理券をもらっておく必要があります。もしくは、台車などを使って解体のための道具類を運び込み、ブースが解体された頃合いを見計らって、ほかの車両のあとから車を入れるようにするやり方もあります。施工の時と同じで、車が入って来ないから道具がなくてブースをバラせないというような「手待ち」状態を

作らないことが大切です。

5. 清　掃

　搬出時のみでなく、搬入時や作業途中でも清掃は重要です。常に清掃することによって場内整理が進み、無駄な道具の紛失や展示物の汚損、けがなどを防ぐことができます。一つの作業から次の作業に進む場合、ほかのチームに作業を引き継ぐ場合などにも、簡単な片付けや掃除をするだけで作業の流れはずいぶん違いますし、次に入るチームも気持ちよく作業に取りかかれます。誰かが持ってくるだろうとか、会場のものを借りればいいだろうといった考えで、清掃道具を持って来ない制作・運営チームを、僕はプロとして認めていません。

　最近、ゴミ出しに関するチェックが厳しくなっていますが、そうでなくても当然のこととして、ゴミは会場で出せるのか出せないのか、出せるものと出せないものは何か、有料なのか無料なのか、出す場所はどこかなど、事前に確認しておくことが必要です。

　現場では処理できないし、持ち帰ることもできないときは、自社宛に宅配便で送るといった手配も考えなくてはなりません。

　イベントが終わり、ブースの撤去もすんだ会場に、社名の入った紙封筒や段ボールが散乱しているなどといった風景は、イベントもその会社もイメージを悪くします。

運営

1. 運営マニュアル

　イベントの制作と運営にかかわるすべての人々の間での情報共有のために「運営マニュアル」を作ります。

　「運営マニュアル」は、会場や期間などの実施概要、会場図、導線計画、タイムスケジュール、全体組織図、スタッフリスト、担当者連絡先、人員配置図、出演者情報、コンパニオンシフト表、備品リスト、注意事項などから構成され、計画段階に作成した後も改訂されながら版を重ねていき、本番時に最終版が関係者全員に配布されます。打ち合わせなど、常に最新版を見ながら行う必要があるので、「運営マニュアル」には必ず作成日を明記します。

　軽視されがちですが「備品リスト」は非常に重要で、何を誰が搬入するのか、誰が管理しているのかというところまで記されている必要があります。つまり、そこに記入されているのに現場にないときは、ミスの責任者は誰なのかが一目瞭然ですし、現場で必要なのに記入されていないときは、計画段階で見落とすミスがあったということになります。

2. 進行台本

　「進行台本」は、時系列に沿ってイベントの流れをまとめた台本です。MCなどがしゃべる内容が一言一句にいたるまで書き込まれている台本から、「ここで時候の挨拶」程度の指示

しか書かれていない台本までさまざまですが、時間の管理やイベントをスムーズに、欠けることなく進行していくためには重要なものです。

　進行台本は、時間、経過時間、セリフ、影ナレーション、配置、出とハケ（上手か下手か）、映像、照明・音響やSEの効果などから構成されており、これも計画段階から改訂されながら版を重ねていき、本番時に最終版が配布されます。

　屋外でのイベントで、雨の日バージョンのナレーション台本を作っておくこともあります。

3. 人員配置

　人を配置する場所を「ポスト」と呼びます。多すぎてはゲストにとってじゃまになりますし、少なければ管理が行き届きません。配置できる人員に余裕はないのが通常なので、効果的な配置を考えなくてはなりません。

　イベントの開始前、開始直後、進行中、終了時など時間軸によって配置を変化させていく必要もあります。

　クライアントから、「社員を手伝わせます」と提案をされることがあります。好意からの申し出ではありますが、命令指示系統を考えると避けたいところです。作業を命令することがはばかられる関係ではうまくいきませんし、往々にして勝手に休んだり、食事に行ってしまったりするので、最初からいないものとして、運営スタッフの指示系統から外して考える必要があります。もちろんこれでは人員削減にはつながりませんので、これを理由に予算を削られたりすると、ただの

迷惑な提案というだけになってしまいます。

4. バックヤード管理

　ゲストが入って来ないスペースがバックヤードですが、イベントが大きくなれば関係者も多くなり、全員の顔を把握しているという状況ではなくなってくるので、その管理が必要となってきます。通常は関係者証やスタッフパスで管理するのですが、クライアントや代理店筋の人には、当日初めて顔を合わせる人や本番だけ見に来るという人もいて、その管理はさらに難しくなります。一般の人が勝手に入って来られないようにすることが重要なのですが、一般ゲスト扱いをされたクライアント関係者が気を悪くすることもあります。

　クライアントやスタッフの荷物置き場も必要です。バックヤードの会議用テーブルに私物を置きっ放しにしている人を見かけますが、とても迷惑です。

　バックヤード管理の中で意外と重要なのは、弁当の手配です。運営や照明などのオペレーションの仕事をしていて、食事を取りに外に出られない人には弁当しかありません。イベントによっては三食すべて弁当ということもあり、イベント期間が長くなるとこれが毎日続くことになります。なので、弁当手配は重要な仕事となるわけです。弁当の手配は新人の仕事として割り振られることが多く、これによってだいぶ評価が分かれます。足りないのも問題ですが、大量に余るという事態も避けなくてはなりません。運営スタッフの人数に対してどれくらい余分に弁当を用意すればよいかは、そのイベン

トやクライアントなどによって変わるので、経験値を重ねていくしかありません。

5. 人員管理

運営に関わる人が多くなればなるほど、その管理が重要となってきます。とかく現場に立っている人は時間を忘れて動いている場合が多く、頻繁に時計を確認するのも不自然です。運営管理する立場の人が、それぞれのポストとシフトを管理し、当人に伝えるようにする必要があります。

6. サイン

サインとは、ゲストを誘導するための表示です。大きく二つにわけて考えられます。すなわち、会場までの誘導サインと別の場所への誘導サインです。

〈会場までの誘導サイン〉

イベントが行われていることを示し、会場までの経路を示すサインです。会場の特性や周囲の交通環境を事前に調べておく必要があります。入り口はどこに、何か所あるのか、駐車場からはどう入るのか、タクシーはどこに着くのか。駅からの道順は、などなど。サインの内容や目的で誘導サインを出す場所が変わります。また、ゲストは施設に入ってから会場までどう通りたくなるのかを知った上で、どう通したいのか考えてサイン計画をする必要があります。

ゲストの言語、年齢、身体的条件などでも、表現のしかた、掲示する場所などが変わりますので注意が必要です。

〈別の場所への誘導サイン〉

　受付サイン、待機列への誘導サイン、クロークサイン、キャッシャーサインなどがこれにあたりますが、忘れてはいけないのがトイレへの誘導サインでしょう。

　どちらの誘導サインでも、イベント名、書体、レイアウト、色などのイメージを統一し、目に留まりやすくしてあげることが重要です。

〈誘　導〉

　誘導サインと並行して、人による誘導を行います。ゲストの会場への誘導やVIPの控室への誘導、アクターの舞台への誘導など、さまざまな誘導があり、その目的に応じて担当をつけます。人による誘導の場合、誘導するだけでなく人的な把握ということも目的としているため、誘導に当たる人は、運営本部やディレクターと無線機などで連絡を密に取り合いながら動くことが重要です。

7. 会場サービス

　会場でのすべてに目を配る、フリーな立場の人を配置することは必要ですが、イベントに関わるすべてのスタッフがそのような気持ちでいないと、ゲストに対応できませんし、イベントはうまくいきません。VIP対応だけでなく、一般のゲストに対してもおもてなしの気持ちで接することが大切です。ゲストにとっては、「スタッフ証（パス）」を着けている人は等しくスタッフですので、常にスタッフとして行動することが求められます。

イベント会場やライブ会場では、部外者に「スタッフ証」を渡して入れる場合があります。その際には、本来のスタッフを付け、スタッフとして行動してもらうよう注意することが必要です。

　また、コンパニオンや運営スタッフが、イベント名やクライアント名の入ったスタッフジャンパーやTシャツのまま休憩に入ったり、一般スペースでたばこを吸ったり雑談したりしている光景をよく見かけますが、こうした行動はもってのほかです。

8. 安全・衛生管理と会場警備

　参加者が、非日常的な状態に置かれる祭りとしてのイベントは、通常は考えないレベルでの安全管理が必要です。仮設で組むものが多いということもありますが、多くの人が集まる場であることからくる安全管理の問題です。

　飲料や食品を扱う場合は、保健所対応だけでなく、通常からの衛生管理が重要です。また、盗難やトラブルを避けるためということだけでなく、通常からの警備行動も必要です。

　食品がらみや盗難といった事故の可能性を先回りして考え、その原因をつぶしていくという作業と、何かが起こった時に柔軟に対応できるという態勢づくりが必要です。過去の失敗や事故をよく学び、その経験も取り入れることが必要です。

　ディレクター一人では手が回らないので、それぞれに専門の担当をつけることや警備の専門会社に依頼することも多いのですが、まかせればいいということではなくて、「事故や事

件がなくてこそのイベント」であるということを、スタッフ全員がよく理解するべきです。

03 イベントインフラ概論

　現状のイベントスペースの諸問題を考えていて思いついたのが「履けない靴」という比喩です。

　靴をオブジェではなく商品として作る場合、当たり前のことですが「履けること」が前提です。特注の場合などは、その人にピッタリあった「履ける」靴が作られます。

　履けない靴を無理に履いている状態を考えてみてほしいのですが、美しいシルエットに見えているとしても、足は痛いし、履き続けることは難しいでしょう。履き続けていれば足が変形して健康を害することにもなるでしょう。

　履けない靴を、見た目が良いからといって無理して履くことに悲劇の原因があります。まるでシンデレラの姉たちが足を削ってまでして、ガラスの靴を履こうとしているかのような、そんな状況が、実はイベント会場ではずっと続いてきたのです。

　スポーツなどの競技施設、また劇場やライブホールなどを計画する場合、その施設で競技や演劇や音楽が行われることが大前提であり、そのために何が必要であるか計画し、設計に盛り込むことは当然のことでしょう。ところが、建築家がそれを作品として施設を設計するとき、どうもそうしたことは後回しにされてしまうように感じます。

　さらに、ことオープンスペースで行うイベントに関しては、

イベントの計画内容がフレキシブルで曖昧であるせいか、オープンスペース周りの施設の計画や設計が後付けでおざなりになってしまい、イベントインフラについては考えられていないことが多いように感じられます。

　現在はオープンスペースになっていても、将来的に施設の建設が想定されているとか、建設できる余地を残して空地にしている場合も多く、こういうスペースではなおのことイベントインフラは考えられていないことが多いと思います。

　筆者もまた、そういったスペースでのイベント現場を多く体験してきました。

　空間デザインを仕事にしていたころ、インテリアデザイナーを内装屋として下に見がちな建築家に、「使いやすい、いい箱だけを作ってくれれば、中身は僕らがいいものにするから」などと言っては、よくけんかしていました。わざと相手の機嫌を損ねるような言い方をしているのですから、売り言葉に買い言葉的な展開になるのは必至です。むしろ、わざとそんな展開に持っていっているのですが、当時の正直な気持ちではありました。

　今はけんかこそしませんが、イベント空間作りにおいて建築家に対して思っていることは変わっていません。そこでここでは、近年、そういう施設計画にも参加協力する機会が増えてきたなかで、見えてきた事柄についてまとめてみようと思います。

　大規模商業施設の計画や都市計画、地域開発やビル開発な

どで生じるオープンスペースを有効活用するために、そのスペースでイベントを行うケースは多いです。そして、そうしたイベントは、施設への集客、地域の活性化やイメージ作り、その地域に所属する企業や住民の参加交流に欠かせない、重要な要素となっています。

　このため施設の建築計画当初から、施設のオープンスペースでのイベント実施を計画に盛り込み、提案パース（完成予想図）に表現することも、近年多くなってきています。

　イベントをパースで表すのは容易なのですが、イベントを実際に行うには、施設側に最低限のインフラが必要なのです。ところが現実は、施設の設備不足や計画設計の不備のためにイベント設営が困難になったり、イベントを効果的に実施することそのものが難しくなったりするケースは多いのです。

　いくつかのイベント施設の計画に参加した経験でわかったのは、イベント施設を計画しているメンバー、つまり、ゼネコンにも大手設計事務所にも大手ディスプレー会社にも、イベントを計画通りに実施するために必要となる機材の量や設備の条件、さらに、搬入口や搬入経路の計画に関しての設計知識や情報を持っている人がいないということでした。

　さらに驚かされたのが、計画を決定する立場の人間にこのことを説得できる人がいないということでした。

　筆者が経験した、こうした施設でのイベント現場の実例を交えて、問題点を明らかにしていきたいと思います。それに加えて、施設の計画そのものに協力したなかで浮かび上がってきた問題点も整理し、インフラの問題を分析していきます。

そこで、まずオープンスペース施設におけるイベントインフラについて、その項目とイベントの種類の両面から分類・分析し、その問題点と解決方法を明らかにしていきます。そしてさらに、こうした事態が引き起こされる原因を考え、改善するためには何が必要であるかを示していきます。

オープンスペース施設における、項目別・イベント種類別のインフラ条件

1. 搬入および搬入路

イベントを行うためには機材の搬入は不可欠です。また機材だけでなく、出展者の展示物や商品の搬入も計画する必要があります。

高層ビルなどの公開空地におけるイベントスペースの場合は、外周道路に面していることが多いのですが、敷地の周囲にある歩道や植栽、段差や階段などがあるために、車両が進入できない場合があります。道路とつながってはいるものの、公開空地の下が地下施設であるため耐荷重に制限がある場合もあり、確認が必要となります。

モールのような複合商業施設におけるイベントスペースの場合、車両が入れるのは商業施設の搬入口までであることが多く、それも２トントラックまでということが多いです。搬入口のプラットホームが、ワンボックスカーなどに合わせて造られているため、高さが60センチ程度と低いこともありますし、プラットホームそのものがない場合も多いです。

荷降ろし場も通常の商品搬入用のカゴ台車であふれており、イベント機材の通行の妨げになることもあります。逆に、イベント機材が、通常の商品搬入の邪魔になるということとも言えるので、注意が必要です。

　せっかく搬入口に荷降ろしできても、機材のサイズによってはイベント会場まで運べないというケースもあります。通路のクランクや出入口のドアサイズといった物理的理由のほかにも、どうしても客導線をまたぐため、夜まで運べなかったことがあります。

　そんなわけで、大型もしくは大量の搬入をする場合は、閉店後の夜間に道路から直接搬入というケースがほとんどなのではないでしょうか。

　アミューズメントパークや公園におけるイベントスペースの場合は、会場までの路面が舗装されていない場合もあるので注意が必要です。また、立ち木の枝などへの注意が必要となります。また、開園中の車両進入は不可である場合が多く、可能な場合でも前後に誘導員をつけ、来場者に注意を呼びかけながら、ハザードを点滅させ最徐行する必要があります。

2. 駐　車

　オープンスペースでイベントを行う場合、実際にイベント会場の近くに車を停められることが望ましいです。演者やスタッフの控室として使用したり、私物の保管スペースや機材の倉庫として使えるからです。屋外イベントの場合は、雨などの急な天候の変化への対応でも有効です。さらに、客側と

裏の導線が区切られていない仮設ステージから出演者を安全に逃すためにも、車両が近くにあると良いのです。

イベント開催中に車両を停めておけるかどうかも重要です。設営からバラシまで1日で行うイベントの場合は、イベント機材や備品を運ぶトラックを会場近くに停めておければ、現場作業がスムーズになります。

しかし残念ながら、駐車スペースが確保されている会場は少なく、開催中にトラックサイズの車両を停めておける場所を手配する必要が発生したり、分刻みでのトラックの入れ替え誘導計画が必要になったりするのです。

複数バンドが演奏するライブなどでは、それぞれのバンドごとの機材搬入の車両が来ることになります。設営やバラシの車両管理と異なり、イベント開催中の出入りになることも多く、その時間もなかなかきっちりとは守られない場合が多いので注意が必要となります。

イベントを行う施設の駐車場が広かったとしても、イベント専用で使えるスペースがない場合は安心はできません。イベントへの来場者が駐車スペースを埋めてしまう可能性があるからです。計画時にいろいろと情報を集めて、どのくらいの車両が来るのかを想定し、どのくらい停めておく必要があるのかを勘案しながら、どのくらいの駐車スペースが必要なのかを考え、事前に手配しておくことが大切です。

さらに、その日に近隣で行われるほかのイベントや工事などについても情報をおさえておく必要があります。

イベントを行う時には、臨時でもいいので車両の敷地進入

と駐車を許可する仕組みを施設側で作ってほしいと願います。一般駐車スペースをイベント専用に振り分けて確保する体制も整えていただけるとありがたいのです。

3. 車両進入

　オープンスペースでのイベントの場合、キッチンカー（ケータリングカーやフードトラック）を導入するケースは多いです。ステージ設営やイベント運営の機材搬入の車両通行との調整は欠かせません。搬入作業が順調に行われることは、作業を効率的に進めるためのポイントだからです。

　進入可能な車両は軽トラックやワンボックスまでなのか、2トントラック程度までなら可なのか、それとも4トントラックや大型トラック、さらに重機まで可能なのかで設営計画が変わってきますし、できるイベント自体も変わってくるのです。

　車両の通行に関しては、舗装の種類や耐圧、すなわち敷地や路面の耐荷重は十分か、敷地に車両が入る進入路に幅や高さなどの制限はあるかなどで、イベント実行の可否が決まります。

　舗装や耐圧に不安があるときは鉄板やコンパネを敷くなどの養生が必要となりますし、その搬入のためのトラックの進入が余分に増えたりします。もちろんこれも持ち込み資材の総重量と設営作業時間に影響を与えます。さらに、進入可能であっても時間の制約を受ける場合があります。公園や商業施設内やアミューズメント施設などでは、営業時間前や後で

ないと許可されない場合も多く、夜間作業の必要が出てくるのです。

このように、車両の進入に関しては、事前の十分な調査と確認が必要です。

4. 点字ブロックの位置

イベント会場で、電源と仮設ステージの間を点字ブロックが横切っていて、配線を迂回させなくてはならないなどということがあります。会場図に点字ブロック位置が示されていないことも多く、現地での事前確認が必要となります。

搬入口のプラットホームの前を点字ブロックが横切っていて大型トラックがつけられない会場もあります。

施設の計画時に使用方法を想定し、イベント電源と仮設ステージ設置の可能性が高い場所との間やオペレーターブースとの間に、ピットなどアンダーパスがあらかじめ設置されていれば、これを避けることが可能なのですが、そうした会場にはなかなか出会えないのが現状です。

5. アンカー

会場自体の地面の状況と、地面へのアンカー打ちの可否は重要ポイントです。トラスやイントレで足場などの大型構造物を作る場合だけでなく、テントを張る場合でも可否の確認は欠かせません。風対策のためのアンカーが打てない場合はウェートで対応することになるため、持ち込み資材の種類や総重量、設営作業時間に影響が出ます。

テントイベントを設定して、あらかじめアンカーが設置されている会場もありますが、その場合はテントのレイアウトが制約を受けるので、確認が必要です。

6. イベント電源

イベントにおいて電源は非常に重要です。電源なしでイベントを行うことはなかなか想定できません。

オープンスペースでイベントを行う際にはとくに、会場側の電源を使用できるのかどうか、使用できる場合イベント専用回路なのかどうか、またその容量がどのくらいあるのか、電源盤がどこにあるのかという情報は重要なチェックポイントとなります。

イベントで使う電源としては単相3線200ボルトで200アンペア程度のものがあるのが望ましいのですが、オープンスペースの場合、安全で効果的な配線を考えると100アンペアとか150アンペアの電源盤が2か所に分散している方が望ましいです。さらに動力用として、三相3線200ボルトで100アンペア程度があるといいのですが、これも50アンペアずつ2か所に分散して設置する方がよいと考えます。もちろんこれは想定するイベントや会場のレイアウトなどによって変化するので一概には言えません。

電源が使えない場合は、ジェネレーター（発電機）を搬入したり電源車を用意したりする必要があります。車両が進入できない場合は論外なのですが、電源車のみならずジェネレーターを設置するためにも、クレーンを備えたユニック車が

必要となり、敷地への進入車両は増えることになります。

　ジェネレーターは危険物扱いになるので、来場者と離れた場所への設置が望ましいし、囲いも必要となります。電気使用中に給油することはできないので、イベントサイズと発電容量の計算には注意しなければなりません。イベント規模や内容によってはバックアップ用に1台余分に入れる場合もあります。

7. 給水

　グルメ・フェスティバルいわゆる食フェスはいうまでもなく、多くのイベントには食品販売が絡むことになります。

　パッケージされた食品を商品として販売する場合はいいのですが、その場で食べる飲食メニューを提供する場合や、厨房区画を作って調理を行う場合は、給排水の配管工事を行うことになります。

　食が絡んだイベントでは、簡易手洗い器の設置が必要となります。そして、給排水の配管を行う際に、給水ポイントがどこにあるのかで配管距離やその養生に問題が生じることが多いのです。簡易手洗い器で運営する場合は、ポリタンクに汲んだ水を使用するのですが、その場合はどこで給水するかを考えなくてはなりません。散水栓から給水作業を行う場合が多いのですが、散水栓は、その使用目的からすれば当然のことなのですが、地面に設置されていることが多く、ポリタンクなどに水をくむためのホースを準備しなくてはいけません。

8. 排水

　給水とともに考えなくてはならないのが排水の問題です。

　建築物の排水管には雨水マス用と汚水マス用があります。施設内の側溝はほぼまちがいなく雨水用です。オープンスペースでのイベントで、出展者テントからの排水を、施設内の側溝に流すように指示される場合も多いのですが、これは環境上、衛生上の問題があります。

　施設管理者に汚水マスを開けてもらうか、開ける許可をもらい、そこに排水もしくは仮設排水管を配管します。当然、汚水ますはイベントを想定していない場合が多いので、排水にも注意が必要です。汚水マスを開けたままの状態でイベントを進行させることは衛生管理上好ましくないことであるし、汚水マスの本来の利用法とは異なります。なので、イベント開催が想定されるスペースには、イベント排水用の雑排水用の流しを設置していただけるとありがたく思います。

　トイレを利用した排水にも問題が多々あります。簡易手洗い器で運営する場合、給水・排水ともにトイレにある掃除用ブースの流しで行う場合が多いのですが、排水を入れたポリタンクやバケツを台車に載せ、来場者の間を縫いながらトイレまで運ばなければならない、などということはよくあります。その際には通路を汚損したりしないよう、細心の注意が必要です。さらに、使用する掃除用ブースが男性トイレ側にあるのか女性トイレ側にあるのかでスタッフの振り分けをしなくてもいけません。

　トイレの掃除用ブースの流しは、当然イベントでの使用を

想定したものではないので、蛇口と流しの距離が狭く、深めのシンクが、立って作業しやすい高さに設置されています。そのため、満水状態のポリタンクを台車から降ろし、シンクの高さまで持ち上げ、排水するという力仕事になるのです。そのため、女性トイレ側にある場合は特に、スタッフの配置に注意が必要となるのです。

理想を考えれば、会場構成の中に客側と裏導線というゾーニング計画を導入し、排水ピットやイベント電源がある側に裏導線を設定し、裏導線側に給排水配管や電気ケーブルの配線をまとめ、ゴミ集積場所もそこに設けるという形が望ましいと考えます。

こうすれば、来場者が配線や配管につまずいたり、来場者の間を排水やゴミを載せた台車が通るなどといったことを回避できるのです。

9. トイレ

公開空地でイベントを行う場合、トイレの確保が不可欠です。隣接するビルが、完全にオフィスビルなのか、下層階が飲食などが入る商業施設になっているのかでも変わってきますが、イベント時にビル内のトイレ施設を使用可能なのかどうかで状況は変化します。

一般にオフィスビルの1階に共用トイレがあることは少ないです。あったとしてもブース数は少なく、イベントで使用したらパンクします。また、屋外イベントの一般客が使用する場合は、通常時と比べると汚れがひどくなる傾向が強く、そ

れを嫌ってオープンスペースイベント時には屋内のトイレの使用を禁止されるケースもあり、注意が必要です。

　したがって、多くの場合トイレ不足は仮設トイレで対応することになるのですが、仮設トイレにはどうしても美観の問題が生じます。建設現場のリース的な雰囲気のものが多く、イベント的に美しくないのです。

　また車椅子が使用可能な、段差のない仮設トイレも存在しますが、持っているリース会社は少ないのが現状です。今後需要は増えるものと考えます。そのあたりの考慮が必要です。

　設計中の高層施設併設の公開空地に関しては、ビル側のトイレスペースに併設した空間に、ビルの外（つまりオープンスペース側）からアプローチできるトイレを設けてもらい、そこに、イベント時のみ稼働させる鍵付きの給排水ポイントを設置するという手法を提案しています。イベントがなくても、公開空地をオープンスペースとして一般に公開するのならトイレは必要であろうという考え方でもあります。

　また、給排水スペースについては、近年高級マンションなどで見かけるペットの足洗い場のような形、つまり、地面の位置に排水パンを設置し、蛇口を90センチ程度の高めの位置に設置する計画を提案しています。

10. その他

　キッチンカーを導入する場合、会場側の電源を各車両に供給するのが望ましいのですが、保健所の判断によっては、キッチンカーは車両単独で完結するものとして営業が許可され

ているという理由から、会場側の電源供給を認められない場合があります。この場合は、車両がそれぞれ持ち込んだ発電機を使用するので注意が必要です。つまり、発電機の位置と携行ガソリン缶の位置、プロパンガスボンベの位置とコンロなど火元の位置関係などに、最大限の注意が必要になるということです。それらをすべてまとめてキッチンカーの裏に置いたまま営業するといった、ずさんな運営管理をしているケースも多く見られますが、大きな事故につながりかねないので、注意が必要です。

電源供給でも、コードリールを巻いたまま使用するケースが多く見られ、運営側からの徹底した指導が必要となります。

問題点と解決方法

電源、給排水などで顕著なのですが、オープンスペースでイベントを稼働させる場合、どういった会場レイアウトになるのかを充分にシミュレーションした上で設置場所を決定することが必要です。

そのためにはイベントのプロを交えた設計計画が不可欠です。想定した各イベントで、イベントの搬入導線、運営導線、客導線などを想定し、その上でステージの位置や客席のレイアウト、オペレーターブースのレイアウトを計画し、テント配置やバックヤードの位置が見えてきて、やっと裏導線や給排水、電源配線計画ができるのです。

足元のノイズになり、バリアフリーから遠ざかる原因にな

る地面をはう給排水配管や電気ケーブルの配線を、どうすれば客導線を阻害せず、効果的に短距離で引き回せるかを逆算的に考えて、初めてイベント電源の位置や給排水ポイントの位置を計画することが可能になるのです。

問題が引き起こされる原因

　これまで述べてきた問題が起こる原因は、とにかく計画現場の人間のイベント現場体験の少なさ、さらに言えば観客としてのイベント体験の少なさに尽きると思います。

　もう一つ、主に建築を考える設計者の、仮設で行うイベント会場計画に対する軽視があるのではないでしょうか。たしかに、イベント会場では外部から機材を持ち込んで対応することは可能です。恒久的なしつらえではないので、その場その場でフレキシブルに対応する方がいいのではないかという考え方があってもおかしくはないでしょう。であれば、せめてフレキシブルに対応できるためのインフラ、つまり車両進入や搬入作業のしやすい会場計画を考えて欲しいと思います。

　知らない部分の「知識」はその方面の専門家を導入することによってカバーできますが、「意識」は自らが変えるしかないのです。

考　察

　計画や設計に協力し意見を求められ、なぜそれが必要か話

をすると、計画や設計のプロであれば「なるほど」と納得してもらえるケースは多いと思います。あとはその想定イベントの頻度とインフラ計画の費用対効果の問題となります。この検討を経た上での計画不実施であればいたし方ないです。もちろんその想定イベントを提案パースから外していただければでありますが。

　計画者や設計担当者にその知識がないため、いわゆる「絵に描いたもち」状態になることだけは避けたいものです。

　イベントは何であれその表面は華やかですが、その華やかさを支える裏側は実に地道なものなのです。

　一般の人が観客の側にいるときに、その裏側を知る必要はないし、それをなるべく感じさせないのがイベントのプロであると考えますが、もしあなたが施設計画に関わりを持ち、計画者や設計者であろうとするのであれば、その部分にも目を向け、興味を持ち、知識を得て欲しいのです。そしてその重要度を理解し、なるべく早い段階で外部の専門家にアプローチする選択肢を持って欲しいと切に願います。

04 搬入と搬入口の現状と問題点

「搬入」とは

はんにゅう【搬入】運び入れること。持ち込むこと。↔搬出。「展覧会場に絵画を――する」　　（『大辞林』第三版）

1. 搬入口はイベントの入り口

　搬入口は、数多くの場所でイベント現場に関わってきた筆者にとって、非常になじみのある場所でもあります。ここではそんな搬入口という存在にメスを入れていきましょう。

　隣の県にあるからうちの県にもとか、隣の町にあるならうちの町にもといった、競うように多目的ホールを建てていた「数の時代」から、音楽や演劇の専門劇場・専門ホールを造ろうという「目的の時代」を経て、今は施設のホワイエやエントランスを市民活動の拠点として開放していく「場の時代」に突入しています。

　箱物の建設を訴えることが選挙公約としては有効ではないという時代になっているのに、なぜか、多くの劇場・ホールの大規模改修計画や大規模開発計画が、現在も進行中です。古い施設のリノベーションや再有効化も話題に上がっています。しかしながら、この流れの中において、劇場・ホールの搬入口や搬入という行為に注目が集まり、改善が求められることはありませんでした。

イベント現場は搬入に始まり、搬出で終わると言っても過言ではないと思います。そしてそのどちらにも大きく関わる搬入口という存在は、現場の流れを左右する、かなり大きなファクターです。キャパは十分なのに、物が入れられないがために会場の使用を諦めるケースもあります。大型トラックが搬入口にたどり着けない会場も多く存在します。

　イベントの現場を経験している人の多くが、搬入に関わる苦労やトラブルを体験していると思います。そしてその多くが現場のマンパワーや、トラックの運転手さんの技術や、現場監督の経験によって、裏技のようなテクニックによってクリアされているのです。それが現場人間の力なのだということも言われます。しかしちょっとした修正で、こうしたハードルがなくなり、搬入がスムーズに行えるようになるとしたらどうでしょう。

　搬入してから始まる本来の現場、会場セッティングやリハーサル、そしてイベント本番そのものにもっと力を割けるのではないでしょうか。表側の空間のバリアフリー化はかなり以前から注目され改善されてきました。今や当たり前のようになっています。しかしバックヤードにおけるそれはどうでしょうか。搬入経路のバリアフリー化は全く考えられてこなかったように感じられます。

　一般社団法人日本劇場技術者連盟の機関誌で搬入口に関する連載をした時に、現場で集めた「搬入現場あるある」の代表的なものを選んで、分かりやすくまとめた『イベント搬入の罠（わな）　特製すごろく！』（次ページ）を作ったので、参考まで

04 搬入と搬入口の現状と問題点

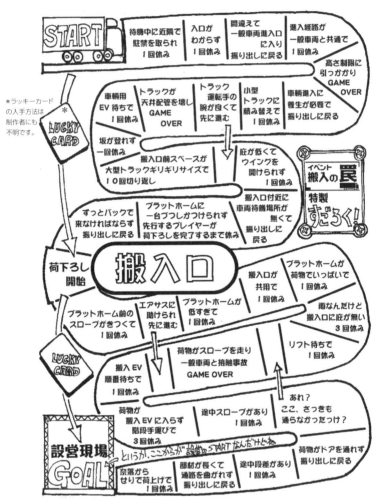

イベント搬入の罠　特製すごろく！　さまざまな搬入口現場で待ち受ける「罠」の一部をご紹介。どうでしょう？　実名は出しませんが、本当にこんなことがよくあるのです。

に載せておきます。

　劇場やホールなどイベントスペースを計画する場合、そのデザインの他、舞台サイズやキャパシティーばかりを中心に計画・設計が行われているように感じます。

　その結果イベントを支える存在のバックステージ側の計画は後回しになってしまい、後付け的に追加されているのではないでしょうか。

　多くの現場で搬入・搬出に関わる中で感じるのは、この搬入口という存在について、あまり真剣に考えられていないのではないかということです。

　現在、イベントは専用会場だけではなく、さまざまな場所で行われています。専用会場ですら完全でない搬入口が、それ以外の場所で完備されていることはさらに少ないのです。しかし、イベント現場をディレクションしたことのない人間にとって、そもそも何が問題なのかも分からないのではないでしょうか。

　イベント会場の搬入口計画を知ることによって、何かしらのイベントを行う計画がある施設関係者にもイベント搬入というものの知識を持っていただきたいと思うのです。

　ここではイベントにおける搬入という流れと搬入口という機能を建築計画学の見地から分析して、考察することによって最終的にはその計画手法を確立していくことを目的としています。

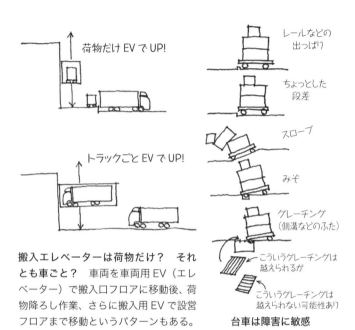

搬入エレベーターは荷物だけ？ それとも車ごと？ 車両を車両用EV（エレベーター）で搬入口フロアに移動後、荷物降ろし作業、さらに搬入用EVで設営フロアまで移動というパターンもある。

台車は障害に敏感

2. バリアフリー

（1）搬入経路のバリアフリー

　搬入ではよく台車を使います。この台車、とても便利ですが障害には敏感です。重いものを運んでいればいるほど敏感で、ちょっとした出っ張りでも引っかかります。引っかかってしまったら、人力で台車を持ち上げることになります。ちょっとした障害を越えるためだけに余分な人手が必要になるのです。障害に気づかずに進んでしまったり、無理やり一人で乗り越えようとすると、荷物が崩れ落ちたりします。搬入エレベーター、階段、廊下の曲がり角、ドアなどすべてが障

●長さや高さのある資材の場合

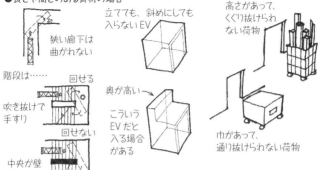

通れる？　それとも通れない？
現場調査でチェックしたいポイント。

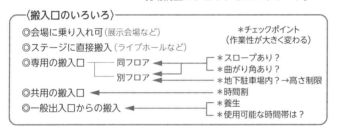

　害になる可能性があります。最近のLED化で薄く小型になった避難誘導灯も、天井から突き出しているタイプが増え、注意が必要です。そんなわけで、会場の下見に行くときは、搬入口から設営会場までのルートに、こうした障害があるかどうかを必ずチェックして写真に残し、障害となるものは採寸しています。その上で、現場搬入に向けて、部材のサイズや荷姿、梱包の方法、使用台車の種類、1回に運べる量、搬入に必要な作業人員と作業時間などを決めます。

(2) 搬入口までのバリアフリー

　台車と同じようなことがトラックにも言えます。台車と違って少々の段差や溝は乗り越えられますが、曲がれない、通れない、くぐれないといった障害はやはり存在します。お尻をこするといった障害は、エアサスペンションの使用でかわせる可能性がありますが、曲がれないのはどうしようもありません。台車と同様、幅が狭くて通れない、高さが低くてくぐれないという障害も多数存在します。

　鉄道の設計用語で、鉄道を通すために確保しなくてはいけない空間の範囲を示す「建築限界」という言葉がありますが、私は搬入車両経路に関しても同様な概念を導入する必要があると考えています。

　ビルの中にある施設の場合、大型車両が入れないことが多くなるのはまだ理解できますが、駐車場も搬入口も屋外にある施設でも大型車両が使えない会場は意外と多いものです。しかし、そのために小型トラックに荷物を積み替えるというのはかなり無理があり、現実的ではありません。

(3) 律速段階

　搬入という作業を全体でとらえて考えてみましょう。

　どこかに障害があった場合、そこをクリアすることが、それ以外の作業すべてのスピードを決めてしまうことになります。化学反応などでこういった要素を「律速段階」と呼びます。

　ここまで見てきたように、些細なことが搬入作業の「律速段階」になり得てしまいます。しかしその些細なことですら、

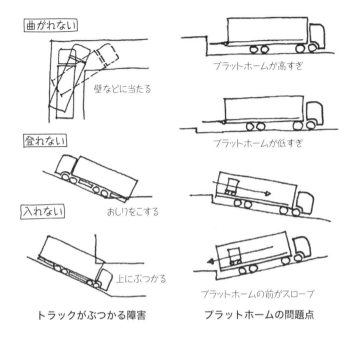

トラックがぶつかる障害　　プラットホームの問題点

計画時にも改修時にも気づかれず見過ごされてきたという事実があります。

　改修というと大規模なものを想像してしまいがちですが、搬入口周辺において我々がまずクリアしなければならないことは、実は意外と低いハードルであったりするのかもしれません。

(4) 搬入口周辺のバリアフリー

　やっと搬入口にたどり着いても、そこにはまたさまざまな障害が存在しています。トラックでの搬入を前提とした搬入口の多くではプラットホームが採用されていますが、その形

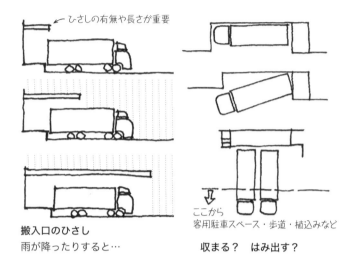

搬入口のひさし
雨が降ったりすると…

ここから
客用駐車スペース・歩道・植込みなど

収まる？　はみ出す？

は千差万別です。高床トラックもしくは低床トラックのどちらかの荷台の高さに設計されているなら理解しやすいのですが、なぜかそうなっていない施設が存在しています。小型トラックやハイエースなどのバンが搬入の中心になるような商業施設ならこれも仕方がないと考えられますが、劇場・ホールでも出会う事象です。

　搬入した後の設営スペース（ステージなど）の高さと地上面の高低差を調整するために、プラットホーム前のスペースが傾斜しているケースにも多く出会います。設計の段階で想像できて当然だと思うのですが、この形は搬入作業に大きな障害となります。搬入機材はキャスター付きの機材運搬用ハードケースやカゴ台車などで来ることが多く、床面の傾斜は大きな妨げになるだけでなく危険でもあります。私も、搬入

口前の地面が外に向かって傾斜している会場で、作業員が目を離した隙に台車が走り出してしまい、接触事故を起こしたケースを目にしています。どうしても高低差の調整が必要な場合は、搬入口ではなく、そこにいたる途中のどこか別の場所でやっていただきたいと思っています。

　プラットホームの高低や傾斜は、テールゲートリフターやエアサスペンションの使用でクリアできる可能性もありますし、実際、そうやってクリアしている現場が多いのですが、それを前提とした搬入口計画は間違っていると思います。またパワーゲートの使用はそれ自体が「律速段階」になり得ますし、この作業での事故も多く、注意が必要となります。

　搬入口にかかる屋根（ひさし）にも注意が必要です。低すぎてトラックが入らないのは論外ですが、ウイングを開けられる高さがないとか、ひさしが浅すぎてトラックの後部に雨が当たってしまうといった搬入口があります。機材と一緒に荷台に積むことがためらわれる展示品や原画などは、トラックの助手席に積んでいってもらうこともあり、雨天時の搬入を考えると運転席までひさしがあることが望ましいのです。

　搬入口や周辺の設計サイズが厳しすぎて、かなりアクロバティックな運転が求められる会場も存在します。またプラットホームに大型トラックをバックでつけた場合、トラックの先端がはみ出したり、何かに当たってしまう搬入口にも出会います。

　植え込みに当たってしまうとか、一般駐車場や歩道、なかには車道にはみ出してしまう、などというケースもあります。

こうした事例は、大型トラックでの搬入を想定していなかった古い時代の会場に多いのですが、新しい施設でも見受けられるのは謎としか言いようがありません。

3. 施設別の搬入・搬入口の分類と分析
（1）商業施設：百貨店・スーパー・モール

百貨店などをはじめとする商業施設の多くは、商品搬入のために搬入口は充実してますが、その反面、イベント関連の搬入と商品搬入が重なることが多く、そのことによる問題がしばしば見られます。とくに複合商業施設の場合は店舗ごとに商品搬入を行うため、問題が起こる可能性は高くなります。

搬入口とイベントスペースが同一フロアにあることは少なく、エレベーターを使って搬入することになりますが、これが搬入作業の律速段階、すなわちここでの作業が搬入作業のスピードを左右することが多いのです。特に百貨店などでは、「シャワー効果」を求める結果として、上層階に催事場を設けることが多く、搬入口→エレベーター→イベントスペースというように搬入距離は長くなるのが通常です。

大型複合商業施設やモールなどの場合、オープンスペースにイベントスペースやステージを設けていることが多いのですが、その周囲は一般客の通路である場合が多く、導線の確保が難しくなるのが現状です。

百貨店やスーパーの催事場の場合、催事場として計画・設計された例は少なく、このためエレベーターサイズや裏通路の曲がり角などが原因で、大型機材や長物を運び入れること

が難しい場合が多いのです。

　百貨店の搬入口は、道路に面していて、何台かのトラックをバックで並べて入れられるものが多く見られます。

　大型複合商業施設やモールなどの場合、一般駐車車両経路の途中で分かれて搬入口に向かうケースもあります。

(2) 商業施設：大型店舗

　テナント数の多い商業施設と異なり、商品搬入先が1社なので、搬入の調整はしやすくなります。しかし、大型CDショップなどの大型店舗は、売り場面積を確保することを優先して設計されており、店頭や売り場内でミニライブイベントなどを行う場合、アーティストの導線も含めて搬入導線が取れないケースも多く見られます。

(3) 商業施設：ホテル・結婚式場・レストラン

　搬入口とイベントスペースが同一フロアにあることは少なく、エレベーターが搬入作業の律速段階となることが多いです。特にホテルがそうなのですが、搬入口から宴会場などのイベントスペースまでのルートが、配膳ルートであることが多く、時間帯によっては、戦場と化している厨房の横を抜け、料理を載せ廊下に並べられたワゴンの脇を搬入機材が通ることになります。

　また、当然のこととも言えますが、裏通路はイベントの搬入を想定していないので、充分な幅が確保されておらず、途中のドアのサイズや曲がり角などが原因で、大型機材や長物を運び入れることが難しい場合も多く見られます。

大型トラック2台をつけられるプラットホーム

(4) イベント施設：小劇場・ライブハウス

　物販店や飲食店といった、ほかの用途で建てられた施設からの転用が多く、専用の搬入口が設けられていないケースが多いです。また、客導線と裏導線が重なるため、客入れの前に搬入を終わらせなければなりません。さらに、そのあとの出入りも客用口から行うことになり、問題も多いのです。

(5) イベント施設：ライブホール

　ライブホールの多くは比較的最近造られたものなので、搬入には考慮されている施設が多いと感じます。

　大型トラック2台をつけられるプラットホームがあり、プラットホームは舞台の高さと同じで、そのまま舞台袖につながっているなど、大型機材の出し入れを最初から想定して計画されています。仮設建築物などで、平場に立てられている

展示会会場 複数のチームが同時に作業を進められるスペースが確保されている。

ものは、とくにその傾向が強いように感じます。

逆に、複合施設内に併設されている施設では、搬入口までの経路の取り方や、スロープなどに問題が見られます。

(6) イベント施設：劇場・ホール

大・中二つのホールがあるといった施設では、搬入がかぶるとやっかいとなる場合があります。ホールは二つあっても、搬入口はホールの間に共用で一つあるだけといった場合や、搬入口は別々に設けられていても、そこまでの導線が一緒というケースもあります。

運営面でもそうなのですが、仕込み日と本番当日に、隣接するホールにどんなイベントが入っていて、どのようなタイムスケジュールになっているのかを確認しておくことは非常に重要になります。

日本の大型劇場やホールの多くが公共施設ですが、ステージサイズや客席数を重視した設計となっており、搬入経路や搬入口が考慮されていない施設が多いと感じます。近年になって、ビル内にホールを造った場合などで、トラックごとエレベーターで荷さばき所まで行けるような設計も多く見られるようになっています。

(7) イベント施設：展示会会場

展示会の開催を主な目的としている施設なので、搬入口は充実しています。

大型シャッターを備えた複数の搬入口が用意されており、展示会会場内に搬入車両ごと進入できるのが通常です。

展示会施工現場の特徴として、同時に多くの施工チームが作業を行うということがあり、これをクリアするために、複数の搬入口が用意されているのです。

逆に言えば、展示会会場を計画する場合、最低限このポイントをクリアしていないと成り立たないということになります。なお、展示会場の搬入の特殊性については次項で細かく解説したいと思います。

(8) イベント施設：展示場・催事場・展覧会場

展示会会場ほど専門性がなく、施工は単独で行われることが多く、同時進行的な施工を必要としないため、後付け的に計画されることが多いのです。そのため、専用搬入口を持たない施設も多々見受けられます。

また、公共ホールや文化施設に併設で造られることも多く、その場合は併設施設の搬入口を共用することになりがちです。

(9) 会議施設：会議場・講堂・会議室

　多くの場合、大型機材を持ち込んでのイベントを想定しておらず、専用の搬入経路も備えていないことが多いです。

　さらには、ロビーでの台車の使用が制限されている施設では、手運びで搬入するしかなくなります。そのため会場に備え付けの機材で足りない場合は、搬入に苦労することになります。

(10) スポーツ施設：野球場・体育館

　近年は、ライブなどの大型イベントに対応した計画・設計が行われるようになっていますが、とにかくキャパシティーが大きいという理由だけで、スポーツ以外のイベントが行われてきた、古くからの施設では、搬入には注意が必要です。

　まず、搬入車両が進入する、しないにかかわらず、競技場のフィールド面の養生が必要となります。

　特殊な例として、東京ドームはドームを膨らんだまま保つために、ドームの内と外で気圧調整をしています。そのため、搬入車両をドーム内に入れるためには、エアロックというスペースを通る必要があります。スペースの両サイドにシャッターが設けられていて、片方のシャッターを開けて車両をエアロック内に進入させ、それを閉じた後に反対側のシャッターを開けて車両をエアロックから出すという手順を守らなければなりません。

　ところが、エアロックは1ヵ所しかなく、大型トラック2台程度しか入れられないため、搬入・搬出時には、ここが作業の律速段階となるのです。しかもエアロック内がゆるいス

ロープになっており、作業にはさらに注意が必要となります。
(11) スポーツ施設：競技場

　野球場などと同様に、近年はライブなどの大型イベントに対応した計画・設計が行われる例を見られるようになりましたが、古くからの施設では、搬入には注意が必要です。

　陸上競技場の場合、マラソン選手が外の道路から競技場のトラックに走り込んでくることから分かるように、競技場内のトラック面と外部の敷地・道路が同じレベルで造られているので、養生さえクリアすれば車両の進入も可能となります。
(12) 文化施設：博物館・美術館

　展示品の搬入が想定されているため、搬入口は大きく設計されています。搬入口と隣接して作業場が設けられている場合もあり、一度に大量の展示物を搬入・開梱することが可能です。

　ただし、美術品などが置かれたスペースを通り抜ける搬入には繊細な注意が必要となります。
(13) 文化施設：動物園・水族館

　展示動物の搬入だけでなく、大小さまざまな装置の搬入も想定されているため、それらを配慮して搬入口は計画されています。

　ただし、施設としての常設イベント運営を中心に考えられており、通常開館期間に開かれる期間限定のイベントで搬入作業を行う場合は注意が必要となります。
(14) アミューズメント施設：遊園地・テーマパーク

　メンテナンスや遊具の更新などが定期的に行われているこ

ともあり、車両の進入は計画されています。

しかし、ディズニーランドなど一部の施設を除き、イベントスペースのバックヤードが施設全体のバックヤードと直結していない場合も多く、注意が必要となります。

イベントを行うための搬入や出演者の移動などは、極力開園前にすませたいところですが、それができないときは開園時間中の園内に車両を入れなければなりません。事前に、施設運営者に可否を確認の上、車両の前後に人を立てて誘導するなど、細心の注意を払いながら行う必要があります。

(15) 交通施設：駅

最近では、駅のコンコースを使った物産展など、駅で行われるイベントも多くなりましたが、駅ならではの注意が必要になります。そもそも、駅は早朝から深夜まで人が出入りする施設であり、定休日もありません。そのため、搬入出計画を立てることが難しいのです。また、駅はイベントを行うことを想定していない場合が多く、想定していたとしても物産催事程度であり、搬入口も多くはイベント搬入には適していません。

そのため、早朝や深夜の人通りの少ない時間帯を選び、さらに要所に人を立てるなどして、駅の構外からコンコースや改札口脇を経由して搬入することになります。

もちろん、こうした作業を行うには駅長の許可が必要ですし、駅での作業では線路に出る出ないや作業の内容にかかわらず、安全帯とヘルメットの着用が義務づけられている場合もあります。ちなみに、安全帯やヘルメットは作業をすると

きに、正直妨げになるなと思うこともあります。
(16) その他の屋内施設：倉庫

　そもそも物を保管するためのスペースである倉庫は、搬入出に問題ない場合がほとんどです。トラックごと入って行ける場合も多く、搬入出の苦労は少ないです。

　流通倉庫などのなかには、大型トラックごと載せられるエレベーターを備えているところもあります。これは搬入出にはたいへん便利なのですが、逆に観客の入場導線の確保、安全のための足元の整備といった配慮が必要となります。

(17) 屋外施設：公園

　搬入口というより搬入経路にいろいろと問題があります。まず、大型トラックなどの進入が想定されていないことが多く、経路に沿った養生などが必要となります。芝生や遊歩道への注意は当然ですが、トラックが樹木にあたって枝を折ってしまうとうことのないよう注意が必要となります。特に大型トラックを使う場合は、雨天時のぬかるみには十分な配慮が必要となります。

(18) 屋外施設：大型駐車場

　大型駐車場がイベントスペースとしてふさわしいかどうかという別の問題はありますが、車両の進入はもちろん、観客の入場導線や足元の整備もまず問題ありません。

(19) その他屋外施設：空き地・広場・海岸・河川敷

　こうした場所では、観客の入場導線や足元の整備をどうするかということの方が主題となります。

　搬入に関する課題としては、舗装されていないスペースの

場合、とくに大型トラックを使用する時は雨天時のぬかるみに注意が必要となります。特に、イベントのために急きょ整地した仮設の会場の場合は注意が必要です。筆者が目撃したことですが、臨時の駐車スペースから道路に出るスロープが、会期中の大雨でぬかるんでしまい、設営時には入れたトラックを出せなくなったということがありました。

海岸や河川敷の場合は、天候に関係なく石砂利や砂地などの路面状況への注意が必要となります。とくに河原の場合は道路面との高低差がある場合が多く、そこに下りていくための坂道にも注意が必要で、充分に検討しなければなりません。

4. 展示会場の搬入口の特殊性

(1) 展示会場の搬入口

展示会場は、そこで行われるイベントの特性から、大きな

搬入口で待機する平台車

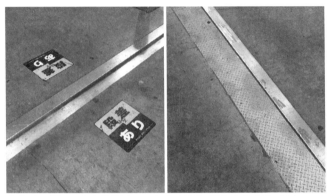

東京ビッグサイト東館搬入口　段差改修前（左）と改修後（右）

搬入口を複数持っていて、機材などの搬入トラックやクレーンなどの作業車両が、直接会場内に進入できるようになっているのが普通です。

　劇場やホールとは異なり、搬入作業の面ではかなり恵まれている展示会場ですが、問題点もあります。それは段差です。先に述べたように、搬入資材を満載している台車にとっては小さな段差が大きな抵抗になります。展示会場の搬出入で、ずっと疑問だったのが搬入口シャッター部分にある小さな段差でした。何のためにあるのか全く不明なこの段差のために、台車を持ち上げなくてはいけなくなっている人たちや、台車から崩れる資材を何度も見ています。

　さて、多くの会場で見られていて、なくすように求め続けていたこの段差ですが、近年ようやくなくなる方向で動いているようです。東京ビッグサイトでは、プレートで埋めただけではありますが、改修工事で段差が解消されました（写真

青海展示棟搬入口

参照)。東京五輪のために仮設された青海展示棟では最初から段差がありません（写真参照）。つまり、段差は計画の段階から取り除くことができるものだったということなのです。

(2) 展示会場の搬入導線計画

　展示会場は展示ホールが並列して計画されていて、隣り合ったホールで、同時にいろいろな展示会やイベントを行うことが可能になっています。したがって、全館を使って行われる大規模な展示会だけではなく、小規模な展示会や展覧会、企業セミナーなどを、同時に隣り合わせで開催することも考えられることになります。このように、異なる展示会が同時に開かれる場合、会期がすべて同じになることはまず考えられません。当然、イベント開催中のホールの隣で、設営とか撤収作業が進められるという形もあるわけです。

A. 幕張メッセ
（1〜8ホール）

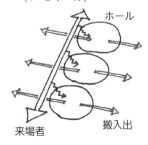

B. 東京ビッグサイト
（東館 1〜6ホール）

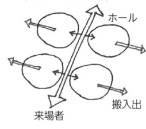

C. パシフィコ横浜
（ABCDホール）

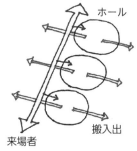

展示会場の導線比較

　幕張メッセでは、このあたりの事情がよく検討されており設計に生かされています。来場者の導線は2階にありホール床面とは切り離されています。このため来場者は2階部分で入場しエスカレーターなどでホールに降りるアプローチが必要となりますが、搬入出車両は来場者導線とクロスすることなくホールの反対側に抜けることができます。なのでイベント開催中のホールの隣で設営作業を行っていても問題ありません。さらに来場者導線の下部、1階部分には車両導線とともに裏導線があり、来場者と切り離したい運営本部などのスペースがまとめられていて運営しやすい形になっています（導線比較概念図を参照）。

　東京ビッグサイト（東館）の場合、来場者の導線はホールと同じフロアにありますがホールが来場者導線の左右にあるため、搬入出車両は片側からしかアプ

ローチできません。このためイベント開催中のホールの隣で設営作業を行っていても基本的には来場者とクロスすることはありません。しかし、展示会において大型ブースは会場の奥側に計画されることが多く、その全体基礎計画によっては設営が進むにつれて車両の出し入れがしにくくなる場合があり、注意が必要です。

パシフィコ横浜の場合も来場者の導線はホールと同じフロアにあります。そしてなぜか搬入出車両がホール反対側にも抜けられる構造になっているため、イベント開催中のホールの隣で設営作業を行っていると来場者の導線とクロスしてしまうことになり注意が必要です。このように一見空間の構成がシンプルで完成されているように見える展示会場計画にあっても、特に搬入出や施工と運営に関してはまだまだ考えなくてはいけないポイントが存在しているのです。

5. 搬入・搬入口の問題点の分類と分析

ここでは、一般道路から搬入口までの経路、搬入口そして搬入作業で起こりうる、あるいは経験したいろいろな問題を列挙します。

(1) 搬入口までの経路の問題点

○搬入口が面している道路が駐停車禁止指定になっている。
○搬入口が面している道路が一方通行である。
○搬入口が面している道路がスクールゾーンである。
○搬入口が面している道路が極端に狭い。
○搬入口が面している道路の交通量が多い。

○搬入口の周囲が住宅地である。
○トラックの進入経路に曲がり角がある（場合によっては曲がれないケースも）。
○トラックの進入経路にスロープがある（トラックの後部をこすってしまう）。
○搬入口が地下にあり、進入に高さ制限がある。
○搬入口までの車両導線が遠い。
○搬入口までの車両導線が一般車両導線と重なっている。
○大型トラックを搬入口に付けるのに、何度も切り返しが必要である。
○大型トラックを搬入口に付けるのに、ずっとバックで入っていく必要がある。
○搬入口まで車両用エレベーターを使用しなくてはならない（高さ制限や重量制限の制約を受ける）。
○搬入車両の待機場所がない。
○搬入車両も一般車両と同じ駐車料金である。

(2) 搬入口の問題点

○そもそも専用搬入口が存在しない。
○搬入口が小さくて大型トラックを入れられない。
○搬入口に大型トラックを1台しか入れられない。
○搬入口付近に次のトラックを待機させる場所がない。
○ほかの搬入経路とかぶっている。
○搬入口に大型トラックを付けると道路にはみ出す。
○搬入口にプラットホームがない（もしくは極端に低い）。
○搬入口にひさしがない。

○搬入口のひさしが低すぎる。

○搬入口が地下にあり、携帯がつながらない。

(3) 搬入経路の問題点

○搬入口がないため搬入導線が客導線とかぶっている。

○搬入口がないため搬入導線がほかのサービス導線とかぶっている。

○搬入口からイベントスペースまでの導線がほかの導線と大きくかぶっている。

○搬入口からイベントスペースまでの高低差がある。

○搬入口からイベントスペースまでの導線上にリフトやエレベーターがある→高さ制限や重量制限を受ける。

○搬入口からイベントスペースまでの導線上のエレベーターが小さい。

○搬入口からイベントスペースまでの導線上のエレベーターの台数が少ない。

○搬入口からイベントスペースまでの導線上のエレベーターのドアが小さい。

○搬入口からイベントスペースまでの導線上のドアが小さい。

○搬入口からイベントスペースまでの導線上の通路が狭い。

○搬入口からイベントスペースまでの導線上の通路に曲がり角がある。

○搬入口からイベントスペースまでの導線上の通路に段差がある。

以上、冗談のようなものもありますが、すべて実例です。可能性として列挙しているのではなく、実在する問題点であるというところが問題なのです。

6. 搬入計画チェックリスト
　以上を踏まえて、搬入計画時のチェック項目をまとめてみました。
(1) 専用搬入口かどうか
　　専用でない場合　　□同時開催イベントの確認
　　　　　　　　　　　□同時期の商品搬入、納品などの確認
(2) イベント施設の立地、外部道路環境
　　□道路に面しているのか、ほかの施設敷地を経由するのか
　　□前面道路の種類および交通量
　　□周辺環境
(3) 道路から搬入口までの経路
　　□車両進入に関してゲートで車両証やパスなどが必要かどうか
　　□車両進入に関して事前申請が必要かどうか
　　□車両用に舗装されているのかどうか
　　□搬入専用通路なのかどうか
　　□進入路の高さ制限の有無
　　□すべて直進で行けるのか
　　□カーリフトの有無とそのサイズ
　　□スロープの有無
　　□曲がり角の有無 & 曲がれるのかどうか

（4）搬入口の形状
　□搬入口につけられる車両の種類と台数
　□プラットホームの有無
　□プラットホームの高さ
　□プラットホームの幅
　□プラットホーム前のスペースが平らかスロープがあるか
　□荷降ろしスペースのサイズ
　□搬入口と荷降ろしスペースの屋根の有無
（5）搬入口周辺の状況
　□搬入待機できる車両の種類と台数
　□イベント期間中駐車可能な車両の種類
　□イベント期間中駐車可能な車両の台数
　□トイレの有無
　□水道の有無
　□喫煙場所の有無
　□自販機の有無
（6）搬入口からイベントスペースまでの経路
　□段差なしにイベントスペースに行けるか
　□途中に段差がある場合その状態
　□途中にエレベーターがある場合そのサイズと台数
　□エレベーターに載せられない機材がある場合、階段で運べるか
　□途中に階段がある場合、そのサイズと形状
　□途中にドアがある場合、そのサイズ
　□途中に廊下がある場合、そのサイズ

□途中に曲がり角がある場合、そのサイズ
□何らかの理由で通過させられない機材がある場合、クレーンやリフトで吊り入れることができるか
□すべての経路で台車が使用可能か
□すべての経路で養生が必要な場所
□搬入車両経路および搬入経路での携帯やインカムのつながり具合

7. 理想的な搬入口とは

これまで述べてきた点を踏まえて理想的な搬入口を考えてみたいと思います。

整理すると次の9項目となります。

①そのイベントスペース専用搬入口である
②客用出入口と切り離された場所にある
③交通量の少ない、広めの道路から、舗装された路面で高低差なく、直接直進で入れる
④大きな屋根がある
⑤複数台の大型トラックをつけられる
⑥搬入待ちのトラックが複数台待機できる場所がある
⑦搬入トラックの入れ替えが容易
⑧イベント期間中、関係者車両の停め置きが可能
⑨荷降ろしした場所がすぐにイベントスペースにつながっている

実にシンプルなことなのですが、しかし、この9項目が実

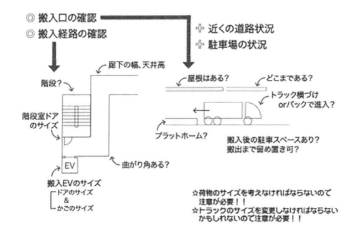

会場に行ったら必ず確認すること

現している搬入口は少ないのが現状です。そのために「5. 搬入・搬入口の問題点の分類と分析」で挙げているポイントが生まれるのです。そして「6. 搬入計画チェックリスト」で挙げている項目の多くは、この9項目からはずれた搬入口と搬入経路のために存在すると言っても過言ではありません。

イベントスペースに直接乗り入れられる展示会場、特に周囲に待機スペースが広くとられている幕張メッセや東京ビッグサイトは理想的な搬入口と言えます。

8. まとめ

観客には見えない、見せない裏側の部分があって、イベントは成り立っています。

これはほかのサービス空間でも当たり前のことであると思います。しかし現場に入る側からイベント空間を考える時、とかく表面的な華やかな部分にばかり視線が注がれ、それを支える裏方部分はしっかり考えられてこなかったように感じます。

　現状に目を向け、それを分析すればするほど、いかに現状の搬入口と搬入経路に問題が多いか分かると思います。

　建築計画の世界では、バリアフリーが叫ばれて久しいです。しかしこれは老人や車椅子利用者などだけの問題ではないはずです。イベントにおける搬入という作業の重要度を考えれば、自然と搬入経路のバリアフリー化に考えがいたってもおかしくないはずです。でも現状はこれまでに述べたとおりなのです。

　冒頭にも書きましたが、イベント現場は「搬入に始まり、搬出で終わる」のです。この部分が建築計画的に充分掘り下げられてこなかったのが不思議でなりません。

　これからは、「イベント計画学」として表面的なイベント空間だけでなく、それを支えるバックステージ部分にも光を当て、その完成度や導線計画などを正しく分析評価していく必要があると考えます。そしてその一つとして搬入計画および搬入口計画は非常に重要な位置を占めているのではないかと考えるのです。

　今後もフィールドワークを通じて、多くのイベント会場の取材と調査を重ねていきたいと思います。そしてもっと現場で働く人の意見にも耳を傾け、会場側のスタッフの意見も取

り入れて、搬入計画および搬入口計画マニュアルを作り上げていかなければならないと思うのです。

　それが結果としてイベント空間の発展につながるのではないでしょうか。

● 3章
イベント学入門

01 イベント学への道

搬入口会議

　僕は搬入口という場所が好きです。

　搬入に始まり搬入に終わるイベントで、搬入口はとても大切な場所なのですが、僕にとっての搬入口は勉強の場でもありました。きっかけは、僕がまだ新人で、訳も分からないまま先輩について、イベント現場に行っていたころにさかのぼります。

　駆け出しだった自分には、仕事前や作業の合間の休憩時間に、搬入口の外でたばこを吸ったり缶コーヒーを飲みながら、これまでの現場の話をしている先輩たちがいかにもプロという感じで、とにかくかっこよく見えたものです。そんな先輩たちの脇で、僕は、専門用語や固有名詞、知らない人の名が交じる会話に聞き耳を立てながら、いつかその会話の輪に入る日のことを夢見ていました。

　そして、会社の先輩や監督、いろいろな職人さんたちについて回り、搬入を手伝い、話を聞き、作業をのぞいて技を盗もうとしているうちにどんどん現場にはまっていった訳です。

　搬入口は、今の自分にとっての原点となったのです。

　いざ自分がその時の先輩の立場になってみれば、本当にたわいのない雑談であったりするのですが、搬入口でのひとと

きの雰囲気は今でも大好きです。

そんな経験から、「井戸端会議」的な意味合いを込めて「搬入口会議」という言葉を作りました。そして、「搬入口会議」というイベントも行っています。それは、僕が現場で出会った、これぞプロという人を呼んで、現場の話をしてもらうという会です。そこでは、僕が体験したように、人名や専門用語などの説明なしに話をしてもらって構わないというルールにしています。参加者には、「質問で話を遮るのは禁止」「分からなければ自分で調べるか、最後に質問してね」と言っています。

有名人でも話し上手でもないけれど、とにかくリアルな現場のプロの話を、学生や業界の若手、イベント現場に興味をもっている人たちに聞いてもらう、そんな会です。

搬入口研究

搬入口は僕の研究テーマの一つでもあります。研究を始めてわかったことなのですが、搬入口を専門に研究している人はなかなかいません。イベント会場の計画をする人たちのなかにも搬入口の専門家はいないのです。

僕が好きな搬入口ですが、搬入作業の現場では不満に思うことが多いのが現状です。搬入口からイベント会場まで機材を入れ、設営に取りかかるのですが、この作業がスムーズに流れない会場が多いのです。

例えば、うまくトラックをつけられない、スロープや段差

があるなどなど、実にさまざまです。現場の人たちは、おそらくみんな同じ感想を持っていると思いますが、改善しません。どんどん新しいイベント会場ができているのですが、なかなか理想的な搬入口には出会えません。会場の規模や入り口の豪華さ、ステージ回りは向上しているのですが、搬入口などバックヤードは置いてけぼりです。それを変えていきたいのです。

そんなイベント業界からの期待を背負って、僕は搬入口の専門家として搬入口の向上をめざしています。

搬入口が好きでイベント計画学を作る

イベントの現場を仕切りながら、いろいろな団体に首を突っ込んで手伝うことを重ねていたある日、目をかけていただいていたイベント業界の偉い先生に呼び出され、「大学の教員をやる気はないかね」と言われました。イベント現場の仲間のなかには専門学校で教えている人はいましたが、大学で教えている人はいなかったので、これは面白いと思い、引き受けることにしました。

あとで家族から聞いた話ですが、「詐欺ではないのか」と思っていたそうです。そして、「○○先生に何百万包んで」みたいな話になるんじゃないかと。でも一向にそういう話になることはなく、あれよあれよという間に話が進み、気がついたら大学教授になっていました。

現在あるイベント学科を、将来的にイベント学部にするた

め、さまざまな分野の教員をそろえていきたいという流れのなかで、僕のような者が大学教授になれたのだと思います。僕は、実務家教員というカテゴリーにあてはまるのですが、「イベントって学問なの？」的な空気があるなかでの就任です。

　大学教授になるにあたって、研究室を開設するために専門分野を申請する必要がありました。もちろん搬入口の研究でもいいのですが、まだ若いイベント学という分野を確固たるものにするために、風呂敷を広げることにしました。ハッタリと風呂敷は大きい方がいいとは、僕が尊敬するプロデューサーの教えでもあるのです。

　大学で僕が学んだ建築学のなかに建築計画学という学問分野があり、これを参考にイベント計画学という学問分野を立ちあげました。母校の建築計画学の大先生に、

　「建築学からとかくこぼれ落ちがちな、イベントに関わる部分を中心としてとらえるイベント計画学というものを立ち上げたいのですが、よろしいでしょうか」
と恐る恐る相談したところ、

　「面白そうだからやってみたら」
というお言葉をいただきました。

　イベント計画学という学問分野はこれまで存在していなかったので、現在僕が第一人者です。他人（ひと）がやっていないことを始めて一番になるというのは、僕が得意としているやり方なので、周囲は「また北原が何かやってる」という反応ながら、温かく応援してくれています。

　イベント学が学問分野としてまだ固まってもいないのに、

01 イベント学への道

イベント学のなかの一分野としてのイベント計画学のなかの施設計画学のなかの搬入計画学、という妄想です。ただ搬入計画学とだけいうのと比べれば、格付け感、重量感が何倍にもなるのではないでしょうか。実はこういう仕掛けが重要だったりするのです。

イベント学とは－その１

イベントをやるための根拠

「イベントは学問たりえるのか」。これは多くの人から投げかけられる問いです。

技術を教えるだけであれば、専門学校で充分だと思います。しかし、ここに分析が加わった場合、学問であると考えられるのではないでしょうか。

建築学科を卒業した者として、建築学を例に挙げて説明します。

家を建てる技術を学ぶのなら大工の棟梁に弟子入りすればいい。効果的に大勢で学ぶなら技術学校に通えばいい。しかし、家を建てるだけでなく、家の構造やデザイン、工法などを分析する視点が加わるとどうでしょう。その視点が造り方に向いていくと建築工法学になり、どう造るかに向いていくと建築構造学になり、これまでどう造られてきたかに向いていくと建築史学になり、どう暮らすかに向いていくと環境計画学になり、建物相互の関係性を持たせながら、さまざまな建物をどう造っていくかに向いていくと都市計画学になり、何を

指標にして造っていくかに向いていくと建築計画学になるのです。

このように、分析する視点によってさまざまな学問分野が成立していくのです。これは、法学にしても経済学にしても経営学にしても同じではないでしょうか

理工図書発行の『建築計画学』(2013年3月4日初版、以下『建築計画学』と表記)には、「建築計画は、生活空間を創造するための技術であり、建築計画を学問として体系化したものが建築計画学である」(第0章0.1「学問としての建築計画学」より)とあります。

建築計画学とは、個人の経験や伝承によって造られてきた建築物に対して、近代化とともに建築が専門化かつ複雑化していき、造るための根拠を示していくことが必要になってきた結果として生まれた学問体系であると言えます。
歴史は比較的新しく、明治から大正にかけて建築が近代化していく過程の日本で生まれた概念で、昭和期に西山夘三氏や、吉武泰水氏らによって確立されていきました。

建築は、例えば家電製品のように試作品をいくつも作ってみることができないため、設計・施工に取りかかる前に計画を示す必要性が大きいのです。
さらに、規模が大きく、公共性や専門性が高い劇場や展示施設、学校や病院などでは、より高い専門知識に裏付けられ

た計画が必要となります。一方、計画は根拠を示すための手法であるため、アプローチにはさまざまな形があり、それぞれに専門家がいて、場合によってはお互いの整合性がとれない場合が生じてしまうこともあります。

専門性の高い建築の計画の視点を大きく分けると、人間の行動をベースにする理論（つまり使う側の理論）と、施設に求められる機能をベースにする理論（つまり道具側の理論）の二つになります。

人間の行動をベースにする理論には、導線計画、人間工学、心理学などがあります。施設の機能をベースにする理論には、採光計画、音響計画、収容計画、寸法計画、規模計画、環境工学、費用対効果、流通計画、工業化計画などがあります。

こうした建築計画学の考え方をベースとして、これまで計画学的にとらえられてきていなかった「イベント」というジャンルに光を当て、それを研究対象とした学問分野が、筆者が提唱する「イベント計画学」です。

前出の理工図書発行『建築計画学』の表現にならうと、「イベント計画は、イベント空間を創造するための技術であり、イベント計画を学問として体系化したものがイベント計画学である」となるでしょう。

このイベント計画学という新しい研究学問分野を創設していきたいと考えています。

「家」を「イベント」に置き換えてみましょう。家を建てる

ときには、大工、左官、電気工事などさまざまな職人さんがかかわりますが、イベントを行う場合にも、実にさまざまな業種のプロたちがそこに絡みます。それを技術単品としてとらえるのでなく技術の蓄積としてとらえた場合に、研究と分析が生まれてくるのです。

仮設性、一過性が強いイベントですが、ただやるというだけでなく、なぜやるのか、どうやるのかということを考えた瞬間に学問が生まれるのです。

イベントという分野は広く、そしてまだまだ研究がされていない分野であると言えます。例えば「イベントの歴史と未来」、例えば「イベントの効果と測定」、例えば「イベントという手法と解決方法」など。イベントという言葉を学問としてとらえた場合、その範囲はじつに多岐にわたるのです。

イベント学とは―その2

僕が専門分野とする「イベント計画学」のなかには、「イベント搬入計画学」など、研究されつくしていない分野が多数存在しています。

イベントという分野を学問としてまとめていく際に、建築学という分野が参考になるのではないかとは、先に述べたとおりです。

建築という学問は、多くの大学で工学部に置かれていますが、この学問分野が取り扱う範囲から考えると特殊な学問であると言えます。

僕が学んだ東京都立大学工学部建築工学科では、建築設計学・建築計画学・建築経済学・建築材料学・建築史学・建築構造学・環境計画学・都市計画学・建築工法学などの分野があり、僕は環境計画研究室に所属していました。環境計画研究室には室内気候学や音響学などがありました。

　このように、建築という学問体系には工学系の分野にとどまらず、人文系といえる経済学や歴史学・統計学・法学、理学系といえる力学（構造）、美術系ともいえるデザイン学などがあって、そのなかに専門技術としての設計、製図、構造計算などが混ざり合っています。そして、これらの分野はそれぞれ独立していながら、「建築」というキーワードを通して深く関わりあっているのです。

　さて、イベントが成立していくためには、これと同じようにさまざまな分野が関わっています。そしてこれを分析し研究していく上で、この「建築」のような多方面からのアプローチは極めて重要であると言えるのではないでしょうか。

イベント学とは─その3

東京富士大学「実務IQ」について

　筆者が教壇に立っている東京富士大学には「実務IQ」というキーワードがあります。大学HPの「実務IQ宣言」からその後半部分を引用します。

　「しかしいまや、実務知識や資格獲得だけでは乗り切れない時代とも心得ます。多様な社会体験、そして社会人としての

教養を含めた総合的な知のあり方を志向する必要があります。それを本学では「実務IQ」と呼んでおります。

本学が提唱する実務IQとは、知能指数のことではありません。ビジネスで必要とされる能力を出来るだけ具体的に身につけさせるため、実務で必要とされる能力を細かく細分化して、教育に反映させています。それが実務IQなのです。

従って実務IQのIは、IntelligenceではなくIntegrity（統合、調和）を意味します。実務IQにおけるIQは、「Integrity Quotient」であり、"実務能力をバランスよく統合"した人材の育成を目指しております。

本学には実務経験豊かな教員、社会人教養育成のプロフェッショナルが揃っており、少人数の専門ゼミなどを軸に、面倒見の良い教育を推進してまいります。」

（大学HP、「実務IQ宣言」より）

さらに大学HP「充実したキャリア支援教育」には以下のような文言が載せられています。

「本学では「実務IQ」を高めるキャリア支援カリキュラムが多数用意されています。

キャリア・デザインに直結する科目としての「就職特講」や「プロフェッショナル・セミナー（就職）」だけでなく、中小企業経営者を招いて受講生と議論する「中小企業論」、新聞クリッピングによるアクティブラーニング型の授業「流通・サービス業トレンド研究」、音楽・スポーツなど様々な催事に参画する「イベント現場実習」などはその一例です。

指導に当たるのは、専任教員のみならず、作家、広告クリ

エーター、地域プロデューサー、シンクタンク研究員、プロ棋士など、ユニークな講師陣を誇ります。」

（大学HP「充実したキャリア支援教育」より）

イベントの世界において実務とは幅広い意味でとらえた"現場"であり、そこで活躍している人たちのほとんどが、これまで研究者をめざして活動してきたわけではないことは明白ではないでしょうか。

「実務IQ」という点を考えた場合、優れた指導者が優れた研究者でないのは明らかです。したがって、非常勤講師を依頼する場合に活動実績を問うのは当然ですが、同時に研究実績を問うことは許されても、必要条件に入れてはいけないのではないかと考えます。

イベント学が、ほかの多くの学問と異なっている点はまさにここにあります。イベントは多種多様で、常に存在しています。そこに目を向けると、イベント学という研究の場とイベント現場というフィールドとのつながりがいかに重要であるか分かるだけでなく、イベント学というジャンルそのものの広大さも見えてくるはずです。

イベント学とは―その４

Ｆ１(エフワン)というスポーツイベントがあります。モータースポーツのなかで最高峰のレースの一つです。Ｆ１に限りませんが、レギュレーションに沿って、車をただ速く走らせるだけがレースではありません。

スタートさせたらあとはレーサー任せというのではなく、車の状態やレーサーの状況を把握し、天候の変化を予測し、ほかのチームの動きを観察・予測しながら指示を出すことが、チームには必要となります。そしてそのレース単体ではなく、シリーズを通した計画もまた必要となります。だから、チームはデータを取って分析し、次のレースや来年同じコースで行われるレースに向けて車を仕上げていくのです。
　さらに言えば、この極限状態で車を走らせることが、一般の自動車開発にフィードバックされるのです。つまり、モータースポーツの多くは、実は自動車開発のための実験場でもあるのです。
　イベントもまたしかりであると考えるとどうでしょう。イベント自体はたしかに一過性のものかもしれませんが、それをただその場で終わらせるのではなく、その効果、その効率を分析し、研究することによって、イベントという手法を工学的にとらえて、社会問題の解決に生かすことができるはずです。イベントという「生」の現場を大いなる実験場としてとらえて、分析研究することによって初めて成り立つ学問分野として見直してみた場合、イベント学というものの面白さが見えてくるのではないでしょうか。
　イベント学がほかの多くの学問と異なっている点はまさにここにあります。イベントというものは多種多様に常に存在しています。ここに目を向けるとイベント学という研究の場とイベント現場というフィールドとのつながりがいかに重要であるか分かるだけでなく、イベント学というジャンルその

ものの広大さも見えてくるはずです。

　話を戻すと、このフィールドワークの部分が東京富士大学の「実務IQ」につながっていくのです。イベントを総合的にとらえて理解しようとする場合、現場体験が持つ効果は非常に大きいのです。この仕組みを大学として持っていることは大きいと思います。

　研究者もイベント実習に同行するだけでなく、自らのフィールドワークの一環として他者の実施するイベントに参加することによって、そこからフィードバックを得られる仕組みもまた可能ではないでしょうか。さらに、その姿を学生に見せることで研究への興味を抱かせることにつなげられるのではないでしょうか。

イベント学教育の三本柱

　僕がイベント学の教育的な側面からの三本柱として考えているのは以下のようになります。
　①体験：まずは参加者としてのイベント体験
　②学習：その上で座学などでの知識の習得
　③実習：現場経験のなかでの知識の体得
　イベントの特性を踏まえたときに、①の「体験」は何よりも重要であると考えています。
　例えば舞台公演に際して、舞台袖周りの計画や楽屋計画、搬入口の計画などの重要性がなかなか理解されない現状がある根底には、劇場計画に携わる人たちのライブ体験や観劇体験

の少なさがあると考えているからです。

　イベントに関わる人間としては、もっと幅広く貪欲にイベント体験を増やして欲しいのです。ましてやこれからイベントを学ぼうとする人には、さらに積極的な参加体験の拡大、つまり参加体験数を増やすだけでなく、体験ジャンルも広げていく方向での活動が重要だと考えています。

　幅広い体験と興味がベースにあれば、②の「学習」はより深くなるのです。表層的な知識のみの学習では決して身につけることのできない「理解」を得られることでしょう。

　もちろん客側と主催運営側での視点の違いはありますが、イベントという場を共有していることに違いはないのです。イベント空間というものは演じる側（観せる側）と観る側の両方が存在して初めて成り立つ「場」であるからです。

　そしてその「場」をつくり出したイベントが、どのような意味で企画され、どのような手法で実現し、どのような技術で演出されているのかを知ることによって、その参加体験に深さが生まれ、知識の吸収が進むのです。

　これが効果的な学習となるのです。この点が、体験することなく知識のみを教科書で学ぶ、ほかの学問と大きく異なる点となるのです。

　そうして深く学んだ知識を持って③の「実習」の場に出ることで、体験と学習がリアルな形でフィードバックされ、知識は確かなものとして身につくこととなのです。

　このように、講義での学習を体験と実習で挟み込むことに大きな意味と意義があると考えるのです。「参加・体験」を根

イベント学の概念図

底に持ち、その上に学習として「基礎理論」「総論」「応用実践理論」「各論」の順で積み重なるイメージです。さらにその上に「実習・インターン」がのることになります。

イベント学の構成―1. 基礎理論

「基礎理論」とは、基礎知識、一般教養的な意味合いも持つもので、イベントに関わる人間全員に基礎部分として持っていてほしい知識でもあります。

基礎理論は、「歴史・文化」「思想・哲学」「社会・経済」から構成されます。

どの分野にも言えることですが、歴史を知ることはとても重要です。神事や祭事にかかわることから、芸能史、美術史などを時代背景とともに、輻輳(ふくそう)的に学ぶことが重要だと考えています。もちろん古いことだけでなく、近代のイベント技術やジャンルの拡大に関しても学ぶ必要があります。新技術という器に、昔から繰り返されてきた手法という料理が盛られていくのは、イベントではよく見られることであり、まさに温故知新が重要であるからなのです。

また、イベントを考える上では文化人類学的な視点も必要となってくると考えます。人間の生活のなかにあるハレとケはイベントと切っても切れない関係にあるのです。

美学や芸術学、建築学的知識、空間表現などについても最低限のことは知っておきたいと考えます。

さらに、イベントを行う上での根拠や意味づけとしての思

想や哲学も学ばれるべきでしょう。僕がこれまでイベントの現場で出会ってきた多くのトップクラスのプロデューサーやディレクター、舞台監督には、現場哲学としての筋の通し方というべきものが必ずあったと感じています。なぜイベントという手段で行うのか、なぜこの手法で行うのかなど、その都度都度で迷うことなく選択して実行していくには、根拠となる考え方というものが、おのおのに必ずあるのです。

　ここに、経営学や統計学や経済学、心理学や会計学そして法律知識など、知っておきたいことが次々と出てくる理由があります。

　この複合的輻輳的な知識がまさにイベント的だとも言えるのではないでしょうか。

イベント学の構成―2. 総論

　「総論」とは、戦略論の位置づけとなるものとなるもので、「マーケティング論」「サービス産業論」「イベント学概論」「イベント計画学」「イベントマネジメント論」「イベントメディア論」「イベントキャリア論」から構成されます。

　「マーケティング論」とは、社会で求められるものに対して、いかに効果的に結果を出していくかを考えるもので、「広告論」や「経営戦略論」も踏まえながら、顧客ニーズを分析しそれに合わせて、いかにして成果を上げていくかの戦略を、さまざまなモデルや手法を通して学んでいくものです。

　「サービス産業論」とは、モノをつくり、売る産業とは異な

り、サービスという無形のものを扱う産業特有の体質、そしてこの業界の課題を知ることによって、サービスとしてのイベントをとらえ、顧客の満足度をどう高めていくかを考えていくものです。

「イベント学概論」とは、イベントとは何かというところからスタートして、イベント学の構成について広く学ぶものです。

「イベント計画学」とは、僕が提唱して創造した新しい学問体系です。イベントを計画するための技術を学ぶだけでなく、イベントを行うことの根拠を示すための学問です。最終的にはこの「総論」部分のすべてを網羅し、複合的に理解していくための核となることを目的としています。

「イベントマネジメント論」とは、「リスクマネジメント」も含め、イベントを成功に導くための手法としてのさまざまなマネジメントを学ぶものです。

「イベントメディア論」とは、イベントをコミュニケーションのための情報伝達手段としてとらえ、その手法や効果について学ぶものです。

「イベントキャリア論」とは、イベント業界のなかでのキャリアアップに関してその特殊性も含めて学ぶものです。

イベント学の構成 ―3. 応用実践理論

「応用実践理論」とは戦術論の位置づけとなるもので、より実践的な技術や知識を学ぶ場となります。「総論」において戦

略的知識を身につけた上で学ぶことに意義があると考えます。

　応用実践理論は、「リサーチ（調査・分析）」「プロデュース（企画・立案）」「デザイン（計画・設計）」「ディレクション（設営・監督）」「オペレーション（実施・運営）」から構成されます。

　「リサーチ（調査・分析)」には現状分析に関する手法や問題解決への手法選択、開催したイベントの分析調査およびそれをどうフィードバックしていくか、などの知識や技術などが含まれます。

　「プロデュース（企画・立案)」にはイベントを企画プロデュースすること、イベントを成立させるための条件、主催や協賛、出資や投資などに関する知識、広報と宣伝の違いに関することなどが含まれます。

　「デザイン（計画・設計)」には空間計画、図面の読み方やルール、企画書の表現手法に関する知識と技術、イベントの演出や表現に関する知識と技術などが含まれます。空間計画において図面は、音楽の楽譜にあたるもので、デザイナーや設計士になるわけでなくても、図面を理解できるということは大きな武器になると考えています。

　「ディレクション（設営・監督)」にはディレクターの業務に関する知識、舞台監督の仕事や現場管理の手法、チーム構成に関すること、現場ごとの専門用語知識などが含まれます。イベント業界に進む場合、志望にかかわらず現場体験はして欲しいし、そこがキャリアのスタートになる場合は多いと思われます。なので現場についての知識は重要であると言える

のではないでしょうか。

「オペレーション（実施・運営）」には実施運営に関わる知識と手法、消防署や警察署、保健所などへの手続きに関する事柄、許可と申請に関わる知識、警備や安全、イベントに関わる保険に関する知識などが含まれます。これも同じく、現場に運営として入る経験はプロデューサーでもプランナーでも必要なことと考えるからです。

イベント学の構成―4. 各論

「各論」とは「博覧会・展示会・見本市・スポーツ・会議・セレモニー・観光・文化芸術・伝統芸能・プロモーション・アミューズメント・エンターテインメント・社会貢献・キャラクターイベント・テーマパーク・コミュニティ・エリアマネジメント・ユニバーサル・メディアミックス・その他」などそれぞれのイベントに関わる部分であり、個別のイベントジャンルによるより詳細で専門的な知識を学ぶ場です。

多様なイベントごとにその特殊性は時代によって大きく変化していくものであり、そのジャンルもまた変化していくのです。

新しいものを取り入れて分野化していくのがイベントの特質でもあるので、各論に関しては、常に新しいジャンルを取り入れていく必要があると考えています。

イベント教育の現状

イベントを学ぶ場として、専門学校という選択を考えると思いますが、実はイベントを単体として網羅的に教えている専門学校は少ないのです。

(1) 専門学校の場合

イベントに関わる教育が行われている専門学校は、大きく4タイプに分類されます。

〈タイプ1〉空間デザイン系の学校

主にインテリア学科で行われています。インテリア学科のなかが「住宅専攻」「店舗専攻」「その他」と分類され、「その他」のなかにイベント・舞台・ディスプレーなどが含まれていることが多いです。したがって、学生は入学後のオリエンテーションで「住宅」「店舗」以外の空間デザインという選択肢があると気がつくことが多くなります。当然、割り当てられている講師の数も少なく、最初からイベント空間を目的に入学してきた学生にとっては不満足な結果になる場合があるかもしれません。さらに、講義を受け持つ講師の実務経験や業務範囲によっての当たり外れも大きいと感じられます。

空間デザインのなかでのイベント空間のデザインを中心にした講義と課題設定となるため、どうしてもかたよりが生まれ、イベント実施運営やプロデュース、プランニング、収支

や効果測定などに対する講義は省かれてしまうことが多いです。

　空間デザインの学習の流れの一環として、イベントの講義が行われている学校もあります。イベントという世界にふれる機会づくりとしては重要ですが、学生の多くはそこを専攻しようとは考えていないため、講義に対するモチベーションはどうしても低くなる傾向があります。

　具体的には、専門学校東京デザイナー・アカデミー、東京デザイン専門学校、東京モード学園があります。

〈タイプ2〉ライブ＆放送技術者を育てる学校

　コンサートスタッフ・PAや照明コンサート制作を学ぶなかにステージデザインやイベント企画などが含まれる場合が多いです。学校によってはイベント企画としてコースが分かれている場合もありますが、多くはオペレーター教育の一環で行われています。学生の方は、音響や照明のオペレーターがライブでの花形ととらえていることが多く、制作はどうしても地味にとらえられてしまう傾向が見受けられます。

　教育内容も、どうしてもライブや放送など主流の講義ジャンルに近いものにかたよりがちで、横断的網羅的なとらえ方はされていない場合が多いです。

〈タイプ3〉ミュージシャンを育てる学校

　ミュージシャン科とイベント科に分かれ、そのなかにイベント制作コースがあるタイプになります。

　ステージ側を中心としているため、制作側はどうしても二次的な扱いとなりやすく、さらにタイプ2の学校と同様、講

義内容はライブ系イベントに近いものにかたよりがちで、横断的網羅的なとらえ方はされていない場合が多いようです。

具体的には、東京スクールオブミュージック＆ダンス専門学校、尚美ミュージックカレッジ専門学校、専門学校東京ビジュアルアーツ・アカデミー、ＥＳＰエンタテインメント東京、東京ダンス・俳優＆舞台芸術専門学校、東放学園専門学校、専門学校横浜ミュージックスクール、東京工学院専門学校、日本工学院専門学校、日本芸術専門学校、ＨＡＬ東京、ミューズ音楽院、音響芸術専門学校、専門学校東京アナウンス学院があります。

〈タイプ4〉マネジメント系の学校

ビジネス系のなかにイベント系があるタイプです。学校のテーマとしてイベントがあるわけではないので、どうしても専門ジャンルにかたよったイベント講義が中心となる傾向があります。

具体的には、東京ウェディング＆ブライダル専門学校、東京スポーツ・レクリエーション専門学校、専門学校 東京ホスピタリティ・アカデミー、東京ブライダル専門学校、エアライン・鉄道・ホテル・テーマパーク専門学校東京、東京ビューティー＆ブライダル専門学校があります。

以上のことから分かるように、各校とも主とする専門分野に付随してのイベント専攻（あるいは講義）となります。つまり、ジャンルを問わず、専門学校におけるイベント教育はあくまで本流に対しての「その他」という位置づけでしかあ

りません。そのため、イベントの講義といってもかたよりがあり、すべてを網羅したカリキュラムはなかなか組めないのが現状です。

つまり、イベントを広い視野で学ぶために専門学校へという考え方は、ごくごく一部の学校を除き、成り立たないということになります。

例えば、同じ舞台を使うイベントでも、演劇系とライブ系では手法も表現も、場合によっては言葉（現場用語）も異なりますが、かたよった講義では一方だけしか触れない可能性があります。イベントを網羅的に正しく学ぶためには、イベント現場による違いや特色を正しく理解した上での、横断的な講義が必要であるし、そういう講義ができる人材も必要なのですが、専門学校ではその実現はなかなか難しいのが現状です。

(2) 大学の場合

次に、大学におけるイベント教育の実態はどうでしょうか。東京富士大学以外でイベントに関わる教育が行われている学部のパターンは、大きく分けると以下の3タイプに分類されるのではないかと思います。

〈タイプ1〉芸術系の学部・学科

美術大学ではアートイベントおよびアートマネジメント中心の講義構成となる場合が多く、音楽大学では音楽中心の講義構成となる場合が多いです。

武蔵野美術大学：造形学部／空間演出デザイン学科、造形構想学部／映像学科

多摩美術大学：美術学部／演劇舞踊デザイン学科

東京工芸大学：芸術学部／映像学科・デザイン学科

日本大学：芸術学部／映画学科・演劇学科・放送学科

洗足学園音楽大学：音楽学部／音楽学科

尚美学園大学：芸術情報学部／情報表現学科・音楽応用学科・舞台表現学科

和光大学：表現学部／芸術学科

杉野服飾大学：服飾学部／服飾表現学科

日本映画大学：映画学部／映画学科

玉川大学：芸術学部／演劇・舞踊学科

桜美林大学：芸術文化学群／演劇・ダンス専修

昭和音楽大学：音楽学部／音楽芸術運営学科

国立音楽大学：音楽学部／演奏・創作学科

宝塚大学：東京メディア芸術学部

〈タイプ2〉マネジメント系の学部・学科

ビジネス系学部・学科のなかで、マネジメントの手法としてのイベントというとらえ方で置かれており、マネジメントおよびメディア系中心のイベント講義での構成となる場合が多いです。

跡見学園女子大学：マネジメント学部／マネジメント学科、観光コミュニティ学部／観光デザイン学科・まちづくり学科

江○大学：メディアコミュニケーション学部／マス・コ

ミュニケーション学科
城西国際大学：メディア学部／メディア情報学科
産業能率大学：情報マネジメント学部／現代マネジメント
　　学科
東京工科大学：メディア学部／メディア学科
東海大学：観光学部／観光学科
日本経済大学：経営学部／芸創プロデュース学科
相模女子大学：人間社会学部／社会マネジメント学科
目白大学：メディア学部／メディア学科

　例として、目白大学（メディア学部メディア学科のインタラクティブメディア分野）を見てみましょう。
　「イベント企画や地域メディアなどについて学びます。ウェブサイトやソーシャルメディアなどの運用方法を学ぶとともに、ユーザーとのインタラクションやコミュニケーションの仕方を考えます。
　　主な科目：イベント概論、イベントプロデュース論、イベント制作演習、メディアプロモーション論、地域メディア論、情報社会論、インターネット・コミュニケーション論、コミュニケーションデザイン」（大学HPより、2024）

〈タイプ3〉運動系の学部学科
　大会運営者や競技団体に所属し、スポーツ大会や試合を制作する人間を育てることにつなげています。そのためスポーツイベントやオリンピックなど大型競技イベント中心の講義構成となる場合が多くなります。

順天堂大学：スポーツ健康科学部／スポーツ健康科学科・音楽応用学科・舞台表現学科
東海大学：体育学部／スポーツ・レジャーマネジメント学科
日本女子体育大学：体育学部／ダンス学科
日本体育大学：スポーツマネジメント学部／スポーツマネジメント学科

代表的な例として、日本体育大学（スポーツマネジメント学部スポーツマネジメント学科）の例を見てみましょう。同大学のHPでは、学科のポイントとして次の３点が掲げられています。
(1)世界のスポーツビジネスで活躍する実践力
　スポーツとマネジメントについての理解がスポーツマネジメントの学びの基礎であり、とりわけスポーツに対する幅広い知識と豊かな経験は、スポーツの発展を担ううえで欠かせないものとなります。スポーツ科学の理論科目と多様な実技科目によってスポーツについて深く学び、経営学の理論を取り入れた専門科目でマネジメントについて学ぶことで、学びの基礎を築きます。
(2)スポーツ組織を牽引するマネジメント力
　成長産業として期待されているスポーツ産業の領域は多岐にわたっており、各領域で独自の知識や理論が求められます。スポーツクラブ、スポーツイベント、スポーツ施設、レジャースポーツなど、スポーツ産業の広がりを理解した

うえで各領域のマネジメントについて学ぶことで、スポーツマネジメントの専門性を身につけ、新たなビジネスチャンスを見つけ出す能力を養います。
⑶スポーツの新たな価値を創造するマネジメント力
　スポーツマネジメントの現場で必要となるのは、豊富な知識や理論を活用してさまざまな課題に対応できる実践力です。演習・実習科目においてスポーツビジネスの実践経験を積むことで、仲間と協働し、自ら課題を発見し解決策を導き出す力を養います。将来の目指す姿を明確にするとともに、理論と実践の融合を図り卒業後に即戦力として活躍する力を身に付けます。』

（日本体育大学 HP「学科のポイント」より 2024）

　以上のように、大学教育においてのイベントは専門学問のなかの一分野としてのとらえ方がされており、やはりその視点は一方向的にならざるを得ないでしょう。この点からも、大学教育全体における東京富士大学イベントプロデュース学科の存在意義の大きさが分かるのではないでしょうか。

大学と専門学校の違い

　イベント教育を行う上で、イベントを行う「戦術」上の直接的な「現場技術」だけでなく技術論も学べ、さらにイベントを知る上での基礎教養を身につけた上に「戦略」としての「理論や哲学」も含めて総合的に学べることにこそ、大学教育

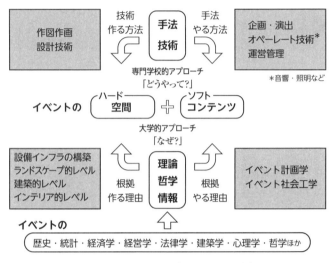

イベントアプローチ（北原、2022年）

としての意義を感じています。

　表層をなでるような教育ではなく、まず土台を作り、基礎から積み上げていくことで、初めて表層が成り立つ、その意味を知れるような教育体系を築いていきたいものです。

　上の図「イベントアプローチ」は、大学におけるイベント学教育の意味と意義を説明するものです。とかくハードやソフトを作るための直接的な「技術」を教えることにかたよりがちな専門学校的な学習体系ではなく、その技術を使うためのベースとしてある「理論」、つまりイベントを行う場を作る理由＝根拠や、イベントを行う理由＝根拠から教え、その上に「技術」を教えるといった複合的な学習体系が必要なのです。

「イベントを学ぶなら専門学校でも」という論議にそろそろ終止符を打ちたいと考えてこれを作りました。

また僕は、「理論や哲学」に関しても、「空間（ハード）」と「コンテンツ（ソフト）」、その両面から学ぶことが重要であり、イベントを行うための「場」ということにも目を向けていきたいと考えています。イベントを行うためにはそのための「場」が必要となります。

専門的なイベントを行うならば、そのための設備を備えた「場」が必要となるのです。

たしかにイベントは何もない空間さえあればできるかもしれません。これまでそうしてきたと他人は言うかもしれません。しかしそれは、その場その場で行われてきたイベントという行いのなかで、この経験則や因果関係を体系化して学問化していこうとしている、その前に戻る行為にはならないでしょうか。

これは僕が考えるイベント施設計画学の重要性に関わる問題でもあり、この点についてはさらに検討を重ね、まとめていきたいと考えています。

リカレント教育の重要性

大学でイベントを教えるようになって気になったのは周りからの反応でした。北原は大学で何をどんなふうに教えているのか、そもそもイベントプロデュース学科とは何なのか、どんな講義があってどんな教員がいるのか、などなどいろいろ

な声が聞こえてきました。はじめのうち、これらは突然大学の教授になった僕への冷やかしだと思っていたのですが、どうもそうでもないようだと気がつきました。みんな真剣に話を聞いているのです。みんな興味津々です。

　イベント業界で働いている人たちは、専門技術を身につけて技術者として入ってきた人たちは少数で、多くは僕のように横滑りしながら、たどり着いた人たちです。イベント周辺でいろいろな仕事をしながら、いつの間にか今のポジションにいるというのが正直なところではないでしょうか。多くの人から言われるのは、イベントというものを系統立てて、学び直してみたいということでした。

　イベントを学ぼうと思った時に、社会人が学べる場所は多くありません。即戦力を養成する専門学校的な講義をしているところか、イベント団体などで行っているトピック中心のセミナー的なものしかありません。

　国は今、リカレントと呼ばれる、就職後もキャリアアップのために大学などに戻って、高度な知識や技術を身につける社会人教育に力を入れています。イベント業界に今必要なのはまさにこれだと思います。

　私が今いる東京富士大学は現在日本で唯一イベントというものを総合的に学ぶことができる学科がある大学です。しかもJR山手線の高田馬場駅から徒歩5分という好立地。社会人が仕事の終わりに通うことも可能です。

　現在イベント業界で働いている人たちが、学生に交じって講義を受けるという形は学生にとっても刺激的なものになる

と思いますし、他分野からの流入者にもイベント業界が広く門戸を開くきっかけになるのではと思います。

体育大学との連携

　これは一般的に言われているリカレントとは少し異なるのですが、体育大学との連携も考えています。

　スポーツの世界とイベントの世界は、そもそもスポーツがイベントであるということ以外に共通する点が多くあります。チームワークの重要さはイベント現場でも同じですし、監督やコーチの競技に対する科学的分析や戦略づくりはイベントプロデュースに通じるものがあります。監督やコーチの指揮のもと競技をする体験は、イベントの現場に入った時に大いに生きるでしょう。基礎体力があって、体調の自己管理ができて、試合に向けて自分のピークを持っていくことができる、そんな体験もイベントの業務に通じます。

　例えば舞台監督や現場監督は現場に一人しかいないので、代わりがききません。ステージに乗る人がいないとイベントの幕が上がらないのと同じことが、監督にも言えるのです。だから本番時に体調を壊すのはもってのほかですし、本番のクオリティーを上げるためにそこに向けて自分のピークを持っていくということをやっています。

　全員がトップ選手になれない厳しいスポーツの世界、また競技年齢が限られる世界からのセカンドキャリアですが、すべての人が解説者や指導者や競技団体の職員になれるわけで

はないと思います。スポーツ経験者はイベント業界にかなり適性があると思いますがいかがでしょうか。

スポーツ経験者のセカンドキャリア教育の一つとして、イベント業界への可能性を大学が連携した講義という形で教えることには意味があると考えます。

音楽大学との連携

東京富士大学には国際的馬頭琴奏者の方が教員としておられます。ライブイベントなどは特に表現する側の人がいて初めてステージが成立します。実はこの方の舞台監督をさせていただくことが最近多くなっているのですが、そこには大学の教員同士という立場を超えてのリアルなやりとりがあります。表現する側、イベントに出る側の人が身近にいることの意義は実は大きく、イベントに対する表現者側の要望・考え方・立場と、演出側の要望・考え方・立場の違いを、学生は身近に体験することができるのです。

音楽の世界もスポーツの世界と同様、音楽大学に進んだすべての学生が表現者になれるわけではありません。表現者の特性や性格、音楽表現の技術を知った上での演奏会演出や運営を行える力は、ほかの人にはない強みとなるはずです。

ここでも同様に、リタイヤ後に社会人教育の枠での追加スキルの取得というだけでなく、大学間連携での在学中の講義としてのセカンドキャリア教育の一つにイベント業界への可能性を教えることは意味があると考えます。

02 イベント学概論

イベントの定義

　旧日本イベントプロデュース協会（現日本イベント協会）の設立メンバーである小坂善治郎氏はその著書のなかで、「多くの「イベント」がわが国で、毎日どこかで実施されるようになり、またマスコミ等で取りあげられ続けて30数年になる。始めのころは、「イベント」の概念も明解でないまま、また構造も解明されないままに、あっという間に広がりをみせた。その活用分野も企業活動から地域活動、また福祉分野活動と極めて多面的になっている。その規模は博覧会のような大きいものから、数人のグループ活動のような小さな日常的なものまで広がりがある。その結果イベントの経済の市場規模はサービス産業の中でも大きなウエイトを持つようになった。このような背景のもとで、さまざまな課題を解決すべく、1986年に「日本イベントプロデュース協会（JEPC）」が発足した。混沌した課題を解明するように次々と概念整理とその研究結果を発表した。特に注目すべきは、「イベントの定義」とイベントの企画・計画の基本要素「6W2H」を確定したことである」（『イベント学概論』リベルタス・クレオ、2011）と述べています。

　この二つの事柄について解説していきたいと思います。

岡本太郎氏のパートナーであった岡本敏子氏の弟で、大阪万博（1970年）で岡本太郎氏をサポートし、そのあと数々の国際博覧会でプロデューサーを務め、日本イベントプロデュース協会初代理事長となった平野繁臣氏は、1987年に出版した『イベント富国論』のなかで「こうして一種の流行にまでなりつつあるイベントではあるが、肝心の「イベントとは何か」ということになると極めて曖昧で捉えどころがなくなってしまう。……千人の人に「イベントとは？」と質問したら千通りの異なる返事がもどってくると思われるほど幅も広く、多様で複雑な内容のはっきりさせにくいものがイベントであろう」と述べ、「イベントの定義」が定まっていない現状を訴えています。

　また、経済の発展にともない情報量は増加する一方、人との「ふれあい」が減少しているなかで、「であい」や「ふれあい」を大切に守りながら新しいコミュニケーションの場と機会を生むものがイベントであり、従来のマスメディアに欠如していた積極的・能動的な双方向のコミュニケーションが可能な新しいこれからの時代に必要とされるメディアであると訴えました。

　そして1988年に、旧日本イベントプロデュース協会（現日本イベント協会）では「イベントとは、目的を持って、特定の時間に特定の場で、対象となる人々をそれぞれに、個別的に、直接的に、"刺激"を体感させる、双方向メディアである」とイベントの定義をしました。

イベントの考え方の基本　6W2Hで考える

WHY（目的）：何のために

　そもそも何のためにそのイベントをやるのか。これはとても重要です。イベントをやること自体が目的となってしまわないようにしたいものです。ほかの項目を考えるときの拠り所になるのがこれです。

　○何のためにこのメンバーでこのイベントをやるのか
　○何のためにこの人たちに向けてこのイベントをやるのか
　○何のためにこの内容でイベントをやるのか
　○何のためにこの時期にこのイベントをやるのか
　○何のためにここでこのイベントをやるのか
　○何のためにこの運営方法でこのイベントをやるのか
　○何のためにこの予算でこのイベントをやるのか
　こういった振り返りを常にしていく必要があるのです。

WHO（主体）：誰が誰と

　主催者だけでなく、共催、後援、出資、協賛、協力などさまざまな形での関わり方があります。

　共催は、主催と同格でどちらが主となるかの違いだけの場合と、主催が全責任を負い共催は部分的に責任を負う立場という場合があります。同格の場合、共催という表記だけで、主催表記はしない場合もあります。

　後援は支援的な意味合いで、名称の使用のみを承認する場

合が多いです。都道府県や市町村が後援に入ることでイベントの信用が増す効果があります。

　出資は、そのイベントに価値を見いだし、投資として金銭を出している場合にあたります。出資した額を上回る回収を期待しているという形です。

　協賛は、イベントの趣旨に賛同してスポンサードをしてくれている企業団体名が入ります。金銭的な支援のほか、物品提供などの形もあります。

　協力は、金銭や物品での支援ではなく、個人や団体がイベントに関わる特定の役割を担っている場合があたります。

　イベントに対しての責任はあくまで主催、共催にあり、後援や出資、協賛、協力は開催に関する責任は負いません。

TO WHO（対象）：誰のために

　ターゲットは誰なのか、これを明確にしないと運営手法などが決められなくなります。来場者数の予測や商品などの仕入れ量も、ターゲットをベースに検討します。トイレの個数、テーブルや椅子の数を調整する場合もあります。

　対象者の年齢や性別によって目線の高さが変わります。そこで、スタンディングのライブの場合はステージレイアウトを変えたり、展覧会では展示物の高さを変えたりします。

　子どもが対象のイベントでは保護者の参加もあるため、子どもに対する訴求と保護者に対する訴求でその表現方法や表示方法を変える必要があります。

WHAT（内容）：何を

目的のために、どんなイベントを行うのが最も効果的かを考えて、その構成や内容を決めていきます。時として、目的とかけ離れたり、ターゲットと合わなかったりすることが起きるので、企画中は常に目的を振り返る必要があります。

イベントにとって新規性や革新性などは常に重要です。そのため常に新しいことにアンテナを張り、情報を集めていなくてはいけません。新しい技術、新しい道具、新しい表現、新しい言葉、新しい媒体など常に追いかけてかつ理解し、導入していく努力を怠らないことが重要です。

WHEN（時期）：いつ

時期や期間。季節や曜日、平日休日の別、時間帯など、考慮すべき項目は多くあります。勤務時間帯や就学時間帯など、ターゲットによって大きく変わる場合があります。同種のイベントや、他分野でも大規模イベントと開催時期がかぶることは避けたいので、同時期に行われるイベントの有無の確認は欠かせません。

また、都市部で行う場合は、新幹線の終電や飛行機の最終便など、利用する交通機関の時刻を確認しておくことも必要です。

近年は夏の気温が高くなる傾向にあり、夏休み時における野外イベントの実施の是非が問われるようになっています。今後は気候天候を加味した、開催時期と開催手法の選択がよりいっそう重要になっていくと考えています。

WHERE（場所）：どこで

屋内屋外の別、会場の所在地、規模、交通アクセスなど、キャパシティー以外で考えなければいけないことは多くあります。

同会場で行われている別イベントの有無や内容、時間帯や集客の確認も必要です。

管轄の消防署、警察署、保健所の確認はもちろんですが、近隣の病院、駐車場、宿泊施設、飲食施設の確認も行います。僕はそれに加えて、設営や運営時の突発事項に対応できるように、近隣のホームセンターや100円ショップの場所も確認しています。

HOW TO（運営）：どのように

効果的かつ安全にそのイベントを実施するために検討することが多くあります。

- 情報解禁時期の設定、情報発信手段、広告宣伝手法の選定
- 計画のタイムスケジュール
- 主催などの構成とイベント概要
- イベント当日のタイムスケジュール
- 動員計画、各種導線計画
- 本部＆緊急対応
- 運営チームの構成＆人員配置

さらに、案内、誘導、警備、救護や救急、ゴミ回収や清掃、食品衛生などについても、

○連絡体制
　○電気＆給排水等
　○備品管理
　○搬入計画＆設営撤去　など
　運営に関わるすべての人の共通認識のために、運営マニュアルの作成は重要です。

HOW MUCH（予算）：いくらで

　イベントは、大小にかかわらず予算が潤沢にある場合は少ないので、費用対効果という視点は常に求められます。全体でのバランスも重要な視点になります。常に予算規模を考えることが必要です。有料イベントなのか無料イベントなのか、実施予算の根拠となるベースを把握することは何よりも重要です。出資や協賛、宣伝広告費としての金額、チケット収入や物販収入、放映権やDVD・BDなどのパッケージ販売の有無などを把握します。近年ではリアル開催とは別にリモート参加や配信での収入なども検討します。

　イベントはそれぞれ条件が異なり、予算もさまざまです。突発事態に備えてある程度の余裕は持たせておく必要がありますし、現場判断で使える枠を設けておく必要もあります。イベントは常に「ライブ」なので、決済待ちで本番が止まるようなことがあってはいけません。予算管理は最重要事項です。

03 迷路を読み解く
―イベント計画学的視点から

アトラクションとしての迷路

「迷路」とは、入り口からスタートしたあと、途中作為的に作られた行き止まりを回避しながら出口に向かうというゲームです。英語では「maze（メイズ）」といいます。

紙面上で行う「パズルとしての迷路」は、誰もが体験したことがあるのではないでしょうか。迷路はクロスワードパズルと並んでポピュラーなパズルと言えるでしょう。全体が何かの形になっているもの、回答が何かの形になるものなど、グラフィック要素との親和性の高いパズルと言えます。

「パズルとしての迷路」は子どもから大人までなじみ深いものですが、実は「体験参加型の迷路」の歴史は古く、ヨーロッパでは、庭園に植え込みなどで造られたものが1100年代ごろから存在していました。一時、ベルサイユ宮殿にもルイ14世が造らせたものがありましたし、現在でもロンドン郊外にあるハンプトン・コート宮殿内の庭園にあるものなどが有名です。

日本でも江戸時代には娯楽施設として造られ、そのあともさまざまな形で展開されています。なお、生け垣迷路は徳島県立神山森林公園イルローザの森の中にある施設で体験することができます。

アトラクションとしての「体験参加型の迷路」は、参加者が迷路内部に入り込み、出口を見つけようと動き回るという探索型の施設で、パズルとしての迷路と形状は類似しているけれど、その性質はかなり異なっています。

　アトラクションとしての「体験参加型の迷路」は、1980年代に巨大迷路ブームが起き、多くの施設ができましたが流行は長くは続かず、短命に終わりました。しかし近年、立体迷路として、多くの迷路施設が登場し、プチブームとなっています。

　筆者もイベント計画の仕事に携わるなかで、演出として迷路アトラクションの制作に関わってきました。ここではその経験をもとに、アトラクションとしての迷路をイベント計画学の立場から分析し、略図などを用いて分かりやすい形でその構造を明らかにし、さらに今後の可能性を探っていきたいと思います。

　まず紙面上で行う「パズルとしての迷路」と、アトラクションとしての「体験参加型の迷路」の違いを明らかにし、その上で　アトラクションとしての「体験参加型の迷路」の計画上の注意点、アトラクションならではの演出を分析していきたいと思います。

1. 迷路の構造

　1980年代、巨大迷路イベントブームが起こり、各地に迷路施設が造られ、その多くが規模を競っていました。

迷路は、壁面をユニット化することで大量生産でき、ローコストで組み立てられるので、大量生産する仕組みさえあれば、比較的簡易に行えるイベントです。また、危険が少なく、動力を使わないため、広い土地を持つ施設が飛びついたのも理解できます。

　会場のサイズや形状に合わせて、臨機応変に設計することができる点も評価のポイントになったと思われます。

　紙面上での「パズルとしての迷路」で触れましたが、どんな形のものでも迷路化できるといったグラフィック要素との親和性の高さは、「体験参加型の迷路」の、敷地の形状に左右されないという利点につながっていると言えるでしょう。

　迷路イベントというものは不思議なもので、いかに早く脱出するかを競うアトラクションなのですが、早く出られてしまうと満足度は上がりません。かといって、いつまでも出られなければ、それはそれでつまらないと言われて評価されません。入場料を払って迷路に挑んだすべてのゲストを満足させることは大変難しいことです。

　迷路は、理論で解いていくパズルというよりは、分岐点での感と運とで、言わば力まかせに解いていくパズルなのですが、迷路に挑む人は出口を探して行きつ戻りつすることを楽しむのであって、すぐに出口にたどり着いてしまうといったラッキーを好まない傾向にあるのです。

　そのため、正解のルートを長く取り、すぐに出てしまわないように設計するのですが、ユニット化した壁面が連続するというアトラクションの特性上、コース内の景色が単調にな

り、飽きてしまう可能性もまた存在します。

巨大さを売りにした迷路ほど、どうしてもその傾向が強くなるので、そうした迷路アトラクションを経験すると、その施設だけでなく、ほかの類似施設も含めてリピーターにならないといったことになるのです。かつて、筆者もいくつかの巨大迷路イベントを体験しましたが、同様の経験をし、感想を持ちました。

1980年代の巨大迷路イベントブームが短命に終わった原因の一つとして、こうした理由があったと考えられます。

限られた空間で迷路を計画する場合、ルートを伸ばそうとすればするほど、正解ルートとして使用する面積の割合が高くなります。逆に言えば、間違いルート（行き止まり）が少なくなっていくのです。以下、図を使いながら説明していきたいと思います。

まず、空間をすべて正解ルートで埋めた形が図-01です。一見迷路のように見えますがこれは迷路ではありません。ルートを進んでいけば自然に出口にたどり着くので、これでは「迷路」ではなく「通路」です。

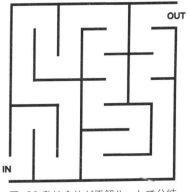

図-01 敷地全体が正解ルートで分岐がない。

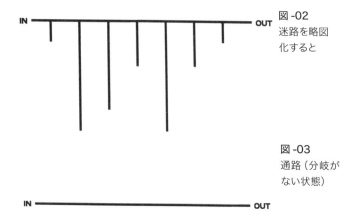

図-02
迷路を略図化すると

図-03
通路（分岐がない状態）

　迷路をアトラクションとして計画するときには、正解ルートを長く、しかも施設全体を大きく回るように設定しながら、一方で、通路になってしまう部分をなるべく排除しつつ、行き止まり分岐点を配置していくことが必要になるのです。

　出口にいたる正解の通路と行き止まりの通路を組み合わせた迷路の通路全体をゴムひものように考えて、入り口と出口をつまんで左右に引っ張ってみると図-02のようになると考えられます。

　ちなみに通路だと図-03のようになるでしょう。

　迷路をさらに複雑化させていったのが図-04と図-05です。

　設計者として意見が分かれるところですが、ループしている通路を作る場合があります。これは、図-06のように表すことができます。

図-04
迷路の複雑化

図-05
迷路の複雑化

図-06
ループ（迂回路）

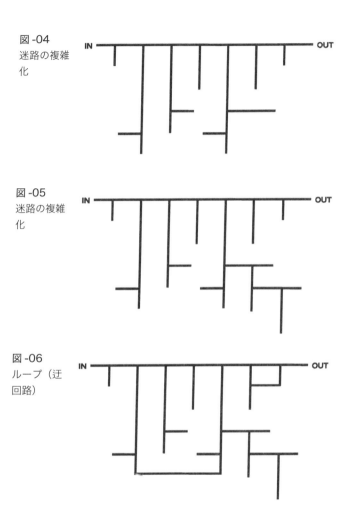

　紙の迷路を解いていく場合によく使われる手法として、行き止まり部分を塗りつぶしていくというやり方がありますが、

03 迷路を読み解く　241

図-07

これは迷路の構造を理解するのにとても役立ちます。

　図-07を見てください。この迷路の行き止まりとなっている部分を塗りつぶしていったのが図-08です。

　紙面全体を大きく使い、行きつ戻りつを繰り返しながら出口に至っています。その途中に多くの分岐点があり、分岐点からだいぶ先に行くまで行き止まりだと分からないようになっている通路が多いことが分かると思います。

　例えば図-09を見てください。スタート直後に現れるこの分岐点は、図中の▲印を進んだ先に、これだけの膨らみを持っています。内部はさらに分岐しており、なんども曲がるうちに方向感覚を失わせる効果を上げるのです。そして再び▲印の地点まで戻らなくてはならないのです。

　▲印から入った行き止まり地帯の最深部（⊗印）を示したのが次ページの図-10になります。

　同じように、行き止まり地帯を取り出してみると、図-11

図-08

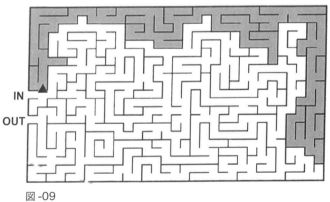

図-09

03 迷路を読み解く

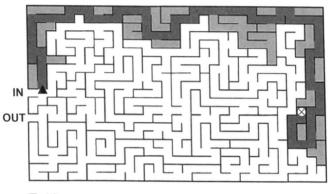

図-10

や図-12のようになっているのが分かります。

　アトラクションとしての迷路を計画する場合は、このように正解のルートを頭に入れた上で、行き止まり地帯をバランスよく配置していく必要があります。分岐がないまま、まっすぐ進む廊下のようなルートは避けなければなりません。単調でつまらない空間になってしまうのはもちろん、直線という特徴的な通路が迷路を解く目印となってしまい、迷わせる効力が薄れてしまうからです。

　もし、どうしても目印的なポイントができてしまう場合は、あえて同じようなポイントをほかにもいくつか作り、「目印」を逆手にとって参加者をミスリードするという手法もあります。「ここは前に通ったぞ！」「通ったはずだけど？　なんか違うような気もするな」と思わせることによって混乱させるのが目的です。

図-11

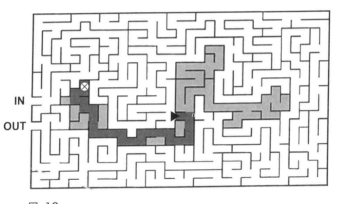

図-12

03 迷路を読み解く

2. 神の視点

　迷路パズルを解くときと、アトラクションとしての迷路の攻略をめざすときとの大きな違いは、「全体図」を見ながら挑むことができるか、できないのかということです。アトラクションとしての迷路に入り込んでしまえば、全体を見ることはもちろん、自分がどこにいるのかさえ分からなくなります。全体を見通す目は、参加している者にとっては「神の視点」と呼べるかもしれません。

　1980年代の巨大迷路の開場競争のなかで取り入れられたのが、このヒントとしての「神の視点」でした。多くの場合、迷路の一部に、全体を見通せるヤグラ状の施設を造り、そこに登れば自分の位置とめざす方向を確認できるというものでした。今もこの手法を取り入れている例として、栃木県日光市にある「巨大迷路パラディアム」があります。

　システム化した部材の使用によって周囲の環境が均質化されている多くの迷路アトラクションでは、同じルートを通り、同じ行き止まりにはまるということが起こります。しかもその多くの場合で、プレーヤーは、そこを前に通っていることに気がつかないまま、出口探しを続けています。

　「神の視点」を持つパズル迷路の挑戦者には簡単に分かる「ちょっといけば行き止まりになっている分岐点」ですら、アトラクション迷路の参加者には分からないのです。

　そこで、アトラクションとしての「体験参加型の迷路」での「行き止まりレベル」という評価軸を考えてみました。

図-13 は、p.239 の図-01 で示した通路を迷路化したものです。

非常に簡素な迷路であり、ここにある行き止まりは一目瞭然です。しかしそれは「神の視点」を持って見ているからであり、これが「アトラクションとしての迷路」であった場合には状況が変わってくるのです。

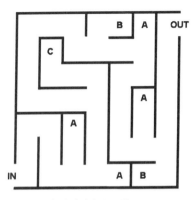

図-13　行き止まりレベル

図中に A と表記した行き止まりは、そこが行き止まりであることが分岐点から見通せるので、参加者は行き止まりの通路に踏み込むまでもなく、正しい選択ができます。A は「行き止まりレベル」の低い行き止まりです。

次に、B と表記した行き止まりはどうでしょう。B の通路に踏み込んで、奥をのぞくことで初めて行き止まりであることが明らかになります。ほんのちょっとした違いですが、迷路を楽しむことからすれば、この差は大きいと言えます。ただ、参加者はこの分岐点から一歩踏み込んで奥をのぞき込むものの、その通路を進んでいくことはありません。

これに対し、C と表記した行き止まりは、分岐点からその通路を選択し、通路を進んで次の角まで行かないと行き止まりであることが分かりません。A、B に比べ、「行き止まりレベル」の高い行き止まりです。

このように、いろいろな「行き止まりレベル」の行き止まりを組み合わせながら、コース設計を行っていくことが重要になっていくのです。

3. 他の参加者との遭遇

　「体験参加型の迷路」が「パズルとしての迷路」と違うことの一つに、参加者同士がすれちがうという点があります。

　正しいと思って進んでいた通路を戻ってくる人がいると、この先は行き止まりなのだと判断し、引き返したりすることは多いと思います。しかし、引き返しても正しいルートを見つけられないということが繰り返されると、この「引き返して来る人との遭遇」という情報が信じられなくなってきます。他人のつぶやきを拾うのか、自分の勘を信じるのかという選択を求められることになるのです。

　参加者は、それぞれ自分の判断でゴールをめざしているのであり、その判断にはなんらかの根拠があるはずです。しかし、その根拠は正しいのか、正確な判断なのかどうかを知ることはできません。

　この正しい情報と間違った情報が混在している状況。この状況を作っているのは、迷路という施設ではなく、参加者であるという点は特筆すべきだと思います。アトラクション側の演出ではなく、ましてスタッフによるミスリードでもなく、自然発生的に生まれた状況なのです。

　以上のことから、アトラクションとしての「体験参加型の

迷路」が「パズルとしての迷路」と異なる点は、大きく次の2つと言えると思います。

①「全体図」を観ることができない。→「神の視点」の欠如
②ほかの参加者との遭遇。→情報の混在

体験参加型迷路の進化

「体験参加型の迷路」が持っている二つのポイントを生かすために、最近の迷路アトラクションに多く取り入れられているものを挙げてみたいと思います。

1. 隣の通路が見える

これは以前から取られている手法ですが、通路を壁で完全に囲うのではなく、簡易フェンスなどを使って、隣の通路の一部が見える演出です。システムの簡易化やローコスト化のためという理由もありますが、実は演出上の効果が大きく発揮される方法でもあるのです。

あえて情報を与えることによって、見えているけどたどり着けない、回りこむ場所がありそうでないといった緊張感を作り出すことができるからです。この演出は、次に取り上げるスタンプラリーなどと併用することで、よりいっそうの効果を上げることができます。

2. スタンプラリー

行き止まりスペースも有効に使うことができます。その手

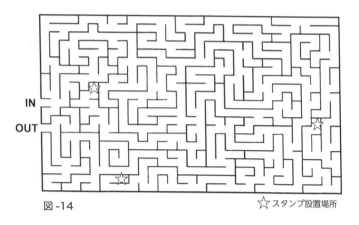

図-14　　　　　　　　　　　　☆スタンプ設置場所

法として、近年多くの施設で取り入れられているのが「スタンプラリー」です。

　この類型的な演出として「チェックポイントでヒントやアイテムを集めてまわるもの」や「クイズの答えを探すもの」、「キーワードを集めて回るもの」などがありますが、目的と計画は共通しているので、ここでは「スタンプラリー」を例として説明します。

　スタンプの多くは、通路の途中ではなく、行き止まりスペースに設置されています。これは行き止まりスペースの奥にスタンプポイントを設けることによって、強制的に行き止まり地帯に参加者を導き、より多くの迷い人を生み出す効果が得られるからです。行き止まりスペースの活性化に効果的であるばかりでなく、参加者がスタンプポイントにたどり着いたときの達成感を生む出すことも期待できます。

　人とすれ違ったとき、この人は行き止まりだから戻ってき

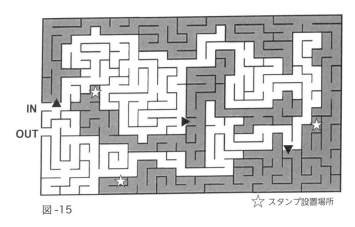

☆ スタンプ設置場所

図-15

たのだろうか、スタンプを獲得して戻ってきたのだろうか、反対にスタンプがないことを確認して戻ってきたのだろうかと、さまざまなケースを想定し、判断しなくてはならず、その判断がつかない場合は、結局自分で確認するために先に進むしかなくなります。またしても、迷い人を増やす結果となるのです。

　図-07（p.242）の迷路を、アトラクションとしての「体験参加型の迷路」として、迷路にスタンプを置くとしたらどこに置くのがより効果的でしょうか。図-14のスタンプの☆印が設置事例ですので、参照してください。

　そのねらいは図-15を見れば明らかになると思います。スタンプは、それぞれ大きな行き止まり地帯の奥に設置されています。これによって、迷路のかなりの部分を占める行き止まり地帯の活性化が行われるのです。これを略図にしたのが、

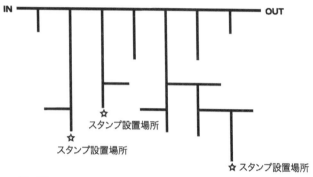

図-16

図-16です。

　さらに図-15で、左のスタンプの設置場所に着目していただきたい。もしも、この迷路が隣の通路が見えるフェンスで構成されていたとしたら、参加者はスタンプが設置されていることに容易に気づくでしょう。そして周囲を探索することになりますが、図から分かるように、このポイントにたどり着くためには、入り口すぐの分岐点まで戻らねばならず、さらに、その行き止まり地帯の最深部まで進まなければならないのです。これが先ほど述べた「隣の通路が見えるフェンスとスタンプラリーの相乗効果」の一例です。

3. フィールドアスレチック

　フィールドアスレチック的な要素も多くの施設で取り入れられています。

　近年は多層化した空間に造られる迷路施設が増え、高さを

生かした演出が可能となっていることから採用されるようになった迷路です。

　迷路をただ巡るだけではなく、障害物を乗り越えたり、かいくぐったり、よじ登ったり、不安定な場所をバランスをとって進まなくてはならなかったりするフィールドアスレチックの要素を取り入れた迷路です。体力が必要となりますが、協力して進んでいくことによって、参加者のなかにチームワークが生まれたり、スリルを感じたりする楽しさを味わえます。そうした付加要素は、単調となりやすい迷路コースの中のワンポイントとして、「体験参加型の迷路」のアトラクションの新たな魅力となっています。

　ただ、こうした迷路を設計する側にとっては、障害物を設けたことによって、迷路上に「目印」ができてしまうことになるので、どのようにバランスを取るのか、注意が必要となります。

4. 一方通行のドア

　一方通行もいくつかの施設で取り入れられている手法です。要所にドアを設け、ドアを開けて先に行くことはできるけれど、ドアをくぐってしまうと戻れないという仕組みです（次ページの図-17）。

　参加者はドアを前に、進むことによって得られる利益と、戻れなくなるリスクを考えなくてはなりません。つまり、出口に近づく可能性と、スタンプを取り残す可能性のどちらをとるか、判断を迫られるわけです。

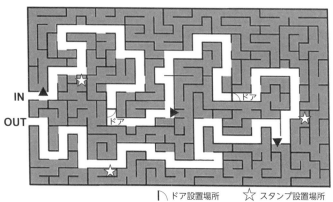

◤ ドア設置場所　☆ スタンプ設置場所

図-17

　スタンプと一方通行のドアを設置する場合、ドアは必ず通過ルート上に設ける必要があります。行き止まりに向かう途中に設置してしまうと、先に進んで行き止まりにぶつかってもそこから戻れなくなってしまうからです。これを略図上で表すと図-18のようになります。

　なお、たとえドアを通り抜けても、ドアの手前に戻ってこられるルートを作っておいてあげることもできます。難易度は下がりますが、小さな子どもが利用することが考えられる施設では、そうした配慮が必要かもしれません。

　システム化によって簡易に計画可能なアトラクションとしての「体験参加型の迷路」ですが、分析することによって、その構造はかなり計画されたものであることを明らかにできたと思います。さらに、さまざまな要素を取り入れることによ

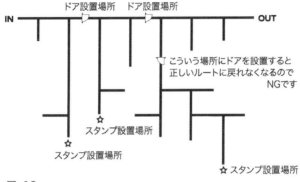

図-18

って、迷路が進化していることを理解いただけたと思います。

しっかりした計画に裏付けられてはじめて来場者に効果の高い演出サービスを提供できるのです。

もっとも、ここで分析してきたことは、ほかのサービス空間では当たり前のことであり、イベント空間においても考えられていることです。しかし、迷路のようなアトラクションにおいてはなぜか着目もされず、取り上げられてもこなかったように思われます。

「アトラクションとしての体験参加型迷路」には、しっかりした計画手法があり、通常の導線計画とは大きく異なってはいるけれども、その演出や効果、サービスを考えた導線計画が存在することを明らかにできたと思います。

あとがき

　同窓会の席で元東京書籍の先輩が退職後に出版社を作って本を出すというお話を聞き、その場で「本を出したいんです」と声をかけさせていただいたのが、城山書房さんとの最初の出会いでした。

　同窓会への出席もそうですが、東京書籍さんとは書籍以外のジャンルでの、かなり思い出深いお仕事のつながりがあったり、個人的に会社の近くに引っ越しが決まった時期であったりなど、いろいろな偶然や出会いの上にこの本は成り立っています。

　やったことのないものにはチャレンジしたいという思いと、イベントに対する気持ちや考えをまとめたいという思いで手は挙げたものの、どうしたらいいのか、何をどのくらい、どう書けばいいのかわからない私を、優しく導いてくれた先輩方ありがとうございます。

　これまでに書き溜めたものや、書けるところから仕上げたものをお渡ししていったのですが、そんなまとまらない内容を前半後半でメリハリをつけていただき、目的が明確になってきたあたりから、何だかいい本になりそうな自信が湧いてきました。

　編集ってすごいです。

城山書房主宰の内田宏壽さん。売れるかどうかもよくわからない、しかも多分これまでに取り上げてこなかったであろう異分野の本の提案に応えていただき、ありがとうございます。

　編集の牧屋研一さん。色々書き溜めたものを形に導いていただきありがとうございます。おかげさまでなんとかまとまりのある姿になりました。

　そして素敵な本に仕上げていただいた、デザインの長谷川理さん。ありがとうございます。

　また、執筆への背中を押してくれたイベント協会の先輩方、相談に乗っていただいた東京富士大学イベントプロデュース学科の教員のみなさま。ありがとうございます。

　そして、多くの本の中からこの本を見つけて読んでいただいたみなさま、本当にありがとうございます。

　みなさまとイベントの現場でお会いできる日を楽しみにしております。

　　　2024 年 12 月

　　　　　　　　　　　　　　　　　　　　　北原　　隆

【参考図書】

『建築計画』鈴木成文・守屋秀夫・太田利彦編著，実教出版，1975年
『現代建築学［新版］建築計画1』岡田光正・柏原士郎・森田孝夫・鈴木克彦著，鹿島出版会，1987年
『現代建築学［新版］建築計画2』岡田光正・柏原士郎・辻正矩・森田孝夫・吉村英祐著，鹿島出版会，1987年
『建築計画学』松本直司編著，理工図書，2013年
『図説テキスト　あたらしい建築計画』宇野求著，彰国社，2001年
『建築計画教科書』建築計画教科書研究会編著，彰国社1989年
『図解　舞台美術の基礎知識』滝善光著，レクラム社，2005年
『舞台づくりの基本から仕掛けのテクニックまで　舞台監督の仕事』加藤正信著，レクラム社，1999年
『舞台技術の共通知識　公演に携わるすべての人々に』劇場等演出空間運用基準協議会編，フリックスタジオ，2014年
『舞台芸術の魅力』青山昌文著，放送大学教育振興会，2017年
『舞台監督』小川幹雄著，翰林書房，2010年
『劇場空間への誘い　ドラマチック・シアターの楽しみ』日本建築学会編，鹿島出版会，2010年
『音楽空間への誘い　コンサートホールの楽しみ』日本建築学会編，鹿島出版会，2002年
『ザ・スタッフ　舞台監督の仕事』伊藤弘成著，晩成書房，1994年
『ザ・スタッフII　舞台監督の仕事』伊藤弘成著，晩成書房，2011年
『進化する劇場　舞台の裏側は面白い』中山浩男著，新評論，2006年
『創造を支える劇場技術者　舞台裏から感動を伝える』齋藤譲一著，新評論，2009年
『公立文化施設職員のための制作基礎知識』文化科学研究所編，地域創造，2004年
『演劇制作マニュアル』文化科学研究所編，地域創造，2006年
『人が集まるテーマパークの秘密』伊藤正視著，日本経済新聞社，1994年
『ライブ・エンタテインメント新世紀』北谷賢司著，ぴあ総合研究所，2007年
『エンタテイメントの現場』The現場主義取材班編，尚美学園，1996年

『ロックコンサートのためのステージライティング入門』加藤憲治著，レクラム社，2003 年
『エンタメビジネス全史』中山淳雄著，日経 BP，2023 年
『JEPC イベント総合研究所選書　イベント学概論』小坂善治郎著，リベルタス・クレオ，2011 年
『JEPC イベント総合研究所選書　イベント企画の基本構造』岡星竜美著，リベルタス・クレオ，2010 年
『イベント富国論』平野繁臣・平野暁臣著，東急エージェンシー出版事業部，1987 年
『イベント學のすすめ』イベント学会編（会長堺屋太一），ぎょうせい，2008 年
『「イベント実務」がよくわかる本』平野暁臣著，イースト・プレス，2007 年
『客を呼ぶイベント運営・演出術』村上敬造著，実業之日本社，1995 年
『イベント戦略入門（企画・展開・実施）』湯澤明著，産業能率大学出版部，1992 年
『アフターコロナ時代のうけるイベントプロデュース』土岐龍馬著，幻冬社メディアコンサルティング，2021 年
『キラリ開眼物語　明日から企画のホープと呼ばれる本』岡星竜美著，文芸社，2009 年
『イベントの仕事で働く』岡星竜美著，ぺりかん社，2015 年
『「できない？」を「できる！」に変えるプロデュース術』岡星竜美著，河出書房新社，2024 年
『誰も教えてくれないイベントの教科書』テリー植田著，本の雑誌社，2019 年
『失敗から学ぶ技術』三冨敬太著，翔泳社，2022 年
『今日から使える行動経済学』山根承子・黒川博文・佐々木周作・高阪勇毅著，ナツメ社，2019 年
『知識ゼロからの行動経済学入門』川西諭著，幻冬社，2016 年

【参考論文＆雑誌】
＊著者が雑誌などに発表した論文や記事を掲載します。

《 論文 》
「イベントにおける〈ディレクター〉職能の考察」『イベント研究』第6
　号，日本イベントプロデュース協会イベント総合研究所，2014年
「展示会におけるバックステージツアーの実際とその意義」『イベント研
　究』第7号，日本イベントプロデュース協会イベント総合研究所，
　2014年
「導線計画から見たディズニーランド考」『イベント研究』第7号，日
　本イベントプロデュース協会イベント総合研究所，2014年
「回遊型アトラクションの建築計画的考察」『イベント研究』第7号，
　日本イベントプロデュース協会イベント総合研究所，2014年
「搬入と搬入口の考察」『イベント研究』第8号,日本イベントプロデュー
　ス協会イベント総合研究所，2016年
「〈日本の劇場・ホールがかかえている問題点〉の再考」『イベント研
　究』第8号，日本イベントプロデュース協会イベント総合研究所，
　2016年
「学問分野としての〈イベント計画学〉の必要性とその対象分野につい
　ての考察」『イベント研究』第9号，日本イベントプロデュース協
　会イベント総合研究所，2018年
「劇場・ホールにおける搬入口周りの、利用者向け情報サービスの現状
　と向上についての考察」『イベント研究』第9号，日本イベント
　プロデュース協会イベント総合研究所，2018年
「小笠原諸島におけるミュージックフェスティバルの実施と今後の可能
　性について」『イベント研究』第10号，日本イベント協会イベン
　ト総合研究所，2019年
「イベント計画学各論〈アトラクションとしての迷路〉についての考察」
　『イベント研究』第10号，日本イベント協会イベント総合研究所，
　2019年
「オープンスペース計画におけるイベントインフラ問題についての考察」
　『イベント研究』第11号，日本イベント協会イベント総合研究所，
　2020年
「学問としてのイベントの意義～東京富士大学イベント学部設立に向け
　ての私案～」『イベント研究』第12号，日本イベント協会イベン

ト総合研究所，2021 年
「アラフェスとはなんだったのか」『イベント研究』第 13 号，日本イベント協会イベント総合研究所，2021 年
「イベント学の構築についての考察」『イベント研究』第 14 号，日本イベント協会イベント総合研究所，2022 年
「防災計画面から考えた空地の地域イベント活用の有効性について」『イベント研究』第 15 号，日本イベント協会イベント総合研究所，2023 年

《雑誌》
「展示会制作最前線　ディレクター力は現場力　第 1 回〈ディレクターって何？〉」『季刊　展コミ』 Vol.14，ピーオーピー，2010 年
「展示会制作最前線　ディレクター力は現場力　第 2 回〈現場が始まる〉」『季刊　展コミ』 Vol.15，ピーオーピー，2010 年
「展示会制作最前線　ディレクター力は現場力　第 3 回〈現場で何をする？〉」『季刊　展コミ』 Vol.16，ピーオーピー，2011 年
「展示会制作最前線　ディレクター力は現場力　第 4 回〈楽しい現場をめざして〉」『季刊　展コミ』 Vol.17，ピーオーピー，2011 年
「論考〈イベント計画学の立場からみた搬入口および搬入経路の分析〉」『Event Biz』Vol.5，ピーオーピー，2016 年
「論考〈搬入におけるトラップ（障害）とバリアフリー化について〉」『Event Biz』Vol.28，ピーオーピー，2022 年
「特集：イベント業界で働く＃3〈イベントの楽しさを未来に伝え続けるために〉」『Event Biz』Vol.36，ピーオーピー，2024 年
「イベント搬入の罠　連載第 1 回」『日本劇場技術者連盟誌』no.8，日本劇場技術者連盟，2018 年
「イベント搬入の罠　連載第 2 回」『日本劇場技術者連盟誌』no.9，日本劇場技術者連盟，2019 年
「イベント搬入の罠　連載第 3 回」『日本劇場技術者連盟誌』no.10，日本劇場技術者連盟，2019 年

北原 隆（きたはら ゆたか）

東京富士大学経営学部イベントプロデュース学科教授／
イベント社会工学研究所副所長／アトリエかたくりこ代表所長／
(一社) 日本劇場技術者連盟理事、同搬入口研究部会部会長／
(一社) LED 光源普及開発機構理事／
IESA 国際エキジビットシステム協会理事長／
JEVA イベント総合研究所主席研究員／
イベント計画学研究会主宰／日本アルキミ協会理事長／
現場通信主宰／劇団徐幸運転主宰／搬入口会議主宰／
コナグループ総帥

著者経歴
1962 年 6 月 15 日　誕生
1987 年 3 月　東京都立大学建築工学科 (環境研究室所属) 卒業
1987 年 4 月　株式会社乃村工藝社入社、クリエイティブ部所属
1990 年 4 月 1 日　アトリエかたくりこ設立
　　『仕事が遊びで、遊びが仕事』をキャッチフレーズに活動を展開
1995 年～ 2002 年　株式会社ソニー・ミュージックコミュニケーショ
　　ンズ (現ソニー・ミュージックソリューションズ) 業務契約
2003 年から専門学校＆大学等で非常勤講師
2020 年から東京富士大学経営学部イベントプロデュース学科教授

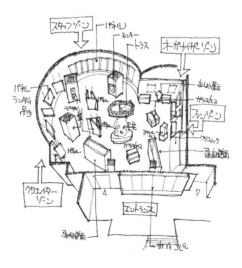

装丁　長谷川理
編集　牧屋研一

イベントの世界へようこそ
―イベントを仕事にしたい人への7つのすすめ―

令和七年一月二七日　第一刷発行

著者　北原 隆(きたはらゆたか)

発行者　内田宏壽

発行所　株式会社 城山書房
〒一七〇-〇〇〇三　東京都豊島区駒込一―四二―二―二〇四
電話　〇三（六九〇二）一七一七
FAX　〇三（六九〇二）一七一八

印刷・製本　モリモト印刷株式会社

定価はカバーに表示してあります。
乱丁・落丁の場合はお取り替えいたします。
本書の内容を無断で転用することはかたくお断りいたします。

Copyright ©2025 by Yutaka Kitahara
All rights reserved. Printed in Japan
ISBN 978-4-911293-01-0 C0036 NDC379